Discipulando Estratégicamente la Cultura:

"Bebiendo el Veneno de las Naciones"

Practicas Bíblicas y Efectivas para vencer la Corrupción y la Pobreza

- Trabajo
- Negocios
- La Banca
- Donaciones

Dr. Mark A. Beliles

Presidente, Red de Transformación Global "Global Transformation Network" y del América Transformation Company Fundador, Fundación Providencia "The Providence Foundation" y su Universidad de Cosmovisión Bíblica "Biblical Worldview University" Pastor/Apóstol, fundador del Grace Covenant Church, Charlottesville, Virginia

Global Transformation Network
www.NationalTransformation.com

RED DE TRANSFORMACION GLOBAL

LATINOAMERICA

Calle Cochabamba esq. Manuel Ignacio Salvatierra "SANCAP"

Santa Cruz, Bolivia

www.transformacionglobal.com

(591) 713-57595

Email: latinoamerica.gtn@gmail.com

Primera Impresión, 2016

Segunda Impresión, 2017

USA

304 Minor Ridge Rd

Charlottesville, VA 22901

www.nationaltransformation.com

434-249-4032

Email: NationalTransformation@gmail.com

First printing, 2016

Second Printing, 2017

Índice

Prefacio

Puede sorprenderte pero nunca ha habido un ejemplo en la historia cuando simplemente un número grande de Cristianos, mega-iglesias, y el llamado "avivamiento" hayan completamente transformado una nación. Un estudio exhaustivo de los últimos 2.000 años de la historia del Cristianismo en los países del mundo, confirma que sólo cuando este crecimiento evangelístico incluía una estrategia intencional para entrenar y conectar equipos de líderes en las instituciones más influyentes de la cultura, se pudo traer transformación significativa en las naciones.

James Davidson Hunter, profesor de sociología de la Universidad de Virginia en los Estados Unidos ha confirmado en sus investigaciones acerca de la iglesia y la sociedad, la realidad histórica que demuestra que para discipular a las naciones los cristianos deben tener una estrategia para que esto suceda. Pueden ver su libro reciente, *Para cambiar el Mundo*. Mi propio estudio y mis viajes a más de 50 naciones, trabajando con líderes de más de 100 países desde 1980, han comprobado que las investigaciones del Dr. Hunter son una realidad en sus observaciones. El trabajo y los principios de la sociedad que están siendo ignorados y poco enfatizados por la iglesia moderna, son los que fueron el objetivo fiel de la Iglesia primitiva. Vamos a examinar los fundamentos y las mejores prácticas que fueron realizadas en la historia y que están claramente establecidas en la Palabra de Dios que son las claves para transformar significativamente las culturas.

¿Cuáles son los elementos esenciales que se necesitan para transformar las naciones? Además de la iglesia, existen otras seis áreas importantes de gran influencia en la cultura: familia, educación, artes/medios de comunicación, medicina, negocios, y el gobierno. Los escritores más antiguos y pensadores como Duchman Abraham Kuyper hace más de una década hablaron de estas esferas o "dominios" de autoridad y jurisdicción. Francis Schaeffer, Loren Cunningham, y Bill Bright entre otros; han usado términos similares en sus estudios. Mark Beliles y Stephen McDowell empezaron a hablar de estas 7 esferas en tiempos modernos y publicaron los libros Historia Providencial de América y Liberando a las Naciones para describir el proceso histórico de como los Cristianos influenciaron estas siete esferas.

Otros escritores recientes como C. Peter Wagner, Lance Walnau, y Johnny Enlow llaman a estos los 7 "montes" de la cultura.

Algunas de estas personas hacen una lista en la cual separan las artes y los medios dentro de una categoría más grande; otros han agregado la ciencia y la tecnología (o los incluyen en el área de negocios). Otros consideran la educación como parte de la esfera familiar. Otros incluyen a los pobres y marginados dejando afuera la Iglesia de la lista. [Desde nuestra perspectiva los desfavorecidos de una nación no son una institución de la sociedad, sino un enfoque demográfico económico, como también lo son los niños. Estos sin duda son un sector de la sociedad importante para que los Cristianos puedan servir, pero no encaja apropiadamente en las áreas que constituyen las instituciones de una nación.] La agricultura y otras áreas pueden también ser agregadas. No existe una lista específica "inspirada" pero las 7 áreas encontradas en este estudio son ciertamente en las que la mayoría de los líderes concuerdan.

Muchos movimientos, ahora están comenzando a abrazar y enseñar estas estrategias, como: "Transform World" *Mundo Transforma*, con Luis Bush como su facilitador principal. Otro es "Discipling Nations Alliance", *Alianza para Discipular a las Naciones* con Darrow Miller y Bob Moffit como cabezas principales; el "International Communion of Evangelical Churches", *La Communion Internacional de Iglesias Evangélicas* con Harry Jackson como su líder; "International Coalición of Apostolic Leaders", *Coalición Internacional de Líderes Apostólicos* con su líder John Kelly; "Advocates International", *Abogados Internacionales* (fundado por Sam Ericsson).

"The Global Transformación Network" *Red de Transformación Global* organización que tengo el privilegio de ser el servidor y su brazo específicamente para Estados Unidos denominado "The América Transformation Company" *Compañía de Transformación para América* están aplicando estos principios en muchas naciones en todo el mundo.

Se espera que este libro ayude a la iglesia a ver los reinos de este mundo convertirse en los Reinos de nuestro Señor Jesucristo.

Capítulo 1

Como las Naciones y Ciudades Discipuladas-
Beben su Veneno

La Misión de la Iglesia

Muchos libros enseñan sobre la oración, el evangelismo y el edificar iglesias. Pero para traer una reforma a las naciones y una transformación completa; los sistemas de creencias de la gente deben ser transformados primero. El arrepentimiento personal y la conversión es obviamente el punto de inicio para el cambio.

Pero después que Dios cambia los corazones de los hombres, ¿entonces qué? Cuando los hombres son cambiados entonces sus familias, negocios, colegios, iglesias, vecindarios, ciudades, pueblos, estado y naciones; también deberían cambiar. Pero esto no pasa hoy en día. El verdadero avivamiento y despertar espiritual tendrán un impacto sobre estas áreas de la cultura y sus instituciones. 2 Corintios 3:17 dice que "Donde está el Espíritu del Señor allí hay Libertad." Esto es cierto tanto para hombres como para naciones.

Mientras que el evangelio entre al corazón del hombre, éste es cambiado. Él no es perfecto, pero ahora hay una nueva fuente de autoridad que gobierna su vida, para tomar decisiones y valores para el futuro. De igual forma, mientras el evangelio es penetrado en las naciones, el potencial para el cambio viene. Pero para que eso realmente suceda, una estrategia debe ser puesta en marcha. Para hacer esto debemos comenzar desde las escrituras y de allí examinar los ejemplos impresionantes de las mejores prácticas que han sido aplicadas en la historia y que efectivamente han transformado la cultura.

En la gran comisión encontrada al final de los evangelios, Jesús claramente dijo que el evangelismo y la iglesia tenía el propósito: de "ir… y hacer discípulos de todas las naciones" (Mateo 28:19). Tenemos evidencias históricas de como la iglesia primitiva que transformó una Europa pagana en una cultura Cristiana, entendió su misión. Ellos no comenzaron construyendo edificios para adorar o reunirse por los primeros siglos. Su enfoque principal estaba en edificar personas que fueran embajadores del Reino de Dios enviados desde la Iglesia hacia cada esfera de la vida (los 7 montes de cada nación).

A menudo en la actualidad se mide el éxito de un pastor por el número de miembros (como si las mega-iglesia fueran más exitosas), al igual que en la construcción de un templo. De igual manera se mide el éxito de una iglesia por la gran cantidad de eventos y actividades (aunque la mayoría sean actividades religiosas y muy pocas consideran la transformación cultural afuera de la iglesia). Pero en el nuevo testamento aquel estándar para medir el éxito es totalmente inexistente. Jesús mismo y sus apóstoles hubiesen sido considerados unos fracasados desde ese criterio. Ninguno construyo un edificio y sus miembros eran relativamente pocos en número.

Pero cuando Jesús dio la misión de ir, predicar, bautizar y "hacer discípulos de toda las naciones." Él también les dio un criterio para medir el éxito de la misión. En el pasaje paralelo de la gran comisión encontrado en el libro de Marcos 16, Jesús le agrego ciertas "señales" que seguirían a esta misión, como una herramienta de evaluación. En otras palabras, había una manera de medir sus objetivos:

1. "Expulsaran demonios"
2. "Hablaran nuevas lenguas"
3. "Tomaran serpientes"
4. "Beberán veneno sin daño alguno"
5. "Impondrán manos sobre los enfermos y sanarán"

La mayoría de las personas lee estos pasajes solamente de una forma personal, pero ya que ellos seguían la referencia de las "naciones" estas señales deben ser aplicadas a una misión de mayor escala. De cierto modo, desde esta perspectiva más amplia la misión se hace más interesante. Podemos examinar cada una de estas de una forma más cercana en otros libros de esta serie, pero aquí examinaremos la cuarta señal más de cerca.

Bebiendo el Veneno de las Naciones

Una forma en la cual los cristianos pueden medir el éxito de su trabajo en la tierra, es a través de los índices de corrupción y pobreza en su nación. En otras palabras, mientras menos corrupción y pobreza haya en una nación, ésta es un señal de que los Cristianos están haciendo un buen trabajo. Cuando Jesús habló de discipular a la nación y dijo que ellos beberían cosas mortíferas o veneno sin daño alguno, los discípulos asociaron ésas palabras con un pasaje del Antiguo Testamento: Deuteronomio 32:32-33, la canción de Moisés; es lo que probablemente ellos recordaron cuando Jesús les habló de esta señal.

Porque de la vid de Sodoma es la vid de ellos, Y de los campos de Gomorra; Las uvas de ellos son uvas ponzoñosas, Racimos muy amargos tienen. Veneno de serpientes es su vino, Y ponzoña cruel de áspides.

"Beber veneno" sin daño alguno era una de las cosas que Jesús dijo que sería evidente en el ministerio de discipular a las naciones. Los creyentes deben ser oponentes efectivos de la corrupción y liberadores del yugo de la pobreza. Deben involucrarse en los asuntos sociales, afuera de sus círculos religiosos; usando cada forma posible cómo el trabajo, el comercio, la banca, y las donaciones. Éste es un criterio claro para medir nuestra fidelidad a la gran comisión; una "señal" que realmente estamos cumpliendo con nuestra misión y que no sólo estamos siendo religiosos."

El Veneno que Muchos Evitan

Las buenas noticias es que así como con las serpientes, las cosas mortíferas "no nos harán daño." Jesús estaba agregando la promesa de la protección de Dios para aquellos que toman las serpientes. La canción de Moisés encontrada en Deuteronomio era un documento poético que tenía un lugar especial junto con los 10 mandamientos en el Arca del Pacto. Los discípulos Judíos conocían de memoria ésta frase. Deuteronomio 32:32-33 contiene dos versículos de este canto de Moisés que hablan específicamente de los hombres perversos. Éste lenguaje poético aplica a los líderes malvados, pero con una terminología relacionada con los campos y el negocio de hacer crecer las viñas y viñedos; los que hacen vinos son los empresarios de ese tiempo. Jesús no sólo prometió protección de las serpientes cuando le dijo que confronte a los líderes malvados, cómo fue con el caso de Moisés y el Faraón; sino que prometió también protección de la maldad que está en el mundo empresarial. La corrupción es una fortaleza en las naciones donde el amor al dinero y la fama son valorados. El Apóstol Pablo nos advierte de esto y nos dice que es la raíz de todo los males (1 Timoteo 6:9-10).

Los creyentes pueden quedar "encantados" con el "mamón de injusticia" en la esfera de los negocios, en vez de utilizarla para "hacer amigos" y prepararse para la eternidad (Lucas 16:9). Desafortunadamente, muchos cristianos han caído en las tentaciones del poder y el materialismo cuando entran a la política y los negocios, ocasionando que muchos pastores enseñen erróneamente que deben alejarse de éstas esferas de influencia. El mandato de Cristo es de ir a todo el mundo, incluyendo a estas montañas o dominios de la cultura que no son "espirituales."

Cuando los Cristianos evitan el liderazgo en el área de negocios, un vacío es creado, que hará que los paganos lo llenen; el resultado es pagado en la sociedad, con la corrupción que termina afectando a creyentes y no creyentes. Por el contrario, son los Cristianos los que deben estar dispuestos a arriesgarse a "beber cosas mortíferas" para transformar la creación de Dios. El enfoque del próximo capítulo es cómo hacemos esto sin comprometer nuestros valores ni ensuciarnos con el mundo.

Capítulo 2

Poder para Crear Riquezas
Trabajo, negocios y mercadeo a la manera de Dios

Éxodo 23:12 "6 días trabajaras"

Lucas 19:13,17 "Negociad hasta que yo venga....tengan autoridad sobre 10 ciudades"

2012, Wenzhou, China

Fui recogido donde estaba alojado para ir a la reunión. En las calles había autos lujosos que nunca había visto en el mundo. La prosperidad económica era impresionante. ¿Por qué? China había estado sufriendo económicamente por muchas décadas bajo las ideas económicas Marxistas. Sin embargo, los líderes del partido político tomaron la decisión de adoptar el sistema de libre mercado que había prosperado tanto al oeste. El Cristianismo proveyó la oportunidad para que los sistemas de libre mercado surgieran en Wenzhou, dónde vivía un alto porcentaje de Cristianos, más que en cualquier otra ciudad en China.

La población Cristiana en Wenzhou hizo una diferencia 3 décadas antes que los líderes Chinos cambiaran a un sistema de libre mercado. Wenzhou probó que éste principio funcionaba. En la reunión, un grupo de empresario exitosos en China, dijeron que ellos habían experimentado en la práctica lo que yo les había enseñado en el seminario Bíblicamente. Wenzhou es exitoso porque los trabajadores son diligentes y tienen integridad, tanto que han eliminado los sobornos y pagan sus impuestos. Los empleadores pagan a tiempo a sus trabajadores con sueldos honorables y los incentivan para compartir una porción de sus ganancias con los vecinos que necesitan.

Éstos empresarios oyeron las estrategias que empresarios Cristianos habían hecho para convertirse y permanecer como una fuerza poderosa para el bienestar de sus familias y naciones. Expliqué la parábola de Jesús en Lucas 19 que habla sobre cuando las personas son excelentes en sus negocios: que no sólo tienen ganancias, ellos también reciben un premio: "Autoridad sobre 10 ciudades." Por eso les recalqué, que deben buscar ser personas que moldean e influencian su nación para el bien -como líderes con influencia para Cristo-".

Los Cristianos en los negocios han hecho a Wenzhou la nación más próspera en toda China; la "Jerusalén" de ésta nación gracias a los Cristianos ahí. Sí se les permite, la historia probará que no sólo Wenzhou, sino que toda la nación de China no sólo es prospera, sino que será un modelo de libertad, orden y armonía, para el mundo moderno.

En el jardín del Edén, Dios le dio al hombre "trabajo" que hacer (Génesis 2:15); y la institución empresarial y el comercio comenzó. Las palabras "negocios" y "banco" no están encontrados en Génesis, donde Dios instruyó a Adán el trabajo que debía hacer; sin embargo, es evidente que éstas instituciones fueron el fruto de éste mandato de Dios para el hombre. El trabajo del hombre resultaría en un "fruto"; el producto del trabajo sería para uso personal o para intercambiar.

La esfera de los negocios es una institución divina donde todas las personas libremente pueden participar. Incluso cuando una persona no tiene trabajo, él igual interactúa en el mercado, comprando, vendiendo, e intercambiando con los demás. Jesús dijo en el gran mandamiento que debemos amar a nuestro prójimo como a nosotros mismos (Lucas 10:27). La preservación personal es la fuerza que impulsa el llamado a trabajar -para proveer para uno mismo y para nuestras generaciones-.

Éste mandato fue dado a cada ser humano, no sólo a los cristianos o la gente de fe. Es una responsabilidad humana y los cristianos deben modelar las mejores prácticas esenciales en forma correcta, para que el mundo funcione como el Creador la diseñó -para bien-.

Las Mejores Prácticas Claves para Todo Trabajador

Toda persona puede aplicar los principios básicos de Dios y ser bendecidas cómo empleador o cómo empleado. Las naciones que han sido transformadas, han adoptado tres principios y prácticas centrales que la iglesia ha enseñado a sus miembros: trabajo, ahorro, y donaciones. Cuando la cultura pagana ve la bendición de practicar éstas cosas, ellos también empiezan a aceptarlas y sus comunidades encuentran prosperidad.

En Éxodo 23:12, la palabra de Dios dice que "seis días trabajarás, y en el séptimo día reposarás." Dios mismo modeló éste patrón, cuando Él trabajo por 6 días y descansó en el séptimo día. Él mandó a Adán a "guardar el jardín" mucho antes que entrase el pecado al mundo. El trabajo no era un castigo por el pecado sino una bendición que Dios dio al hombre para imitar el patrón de Dios cómo creador, productivo, y de bendición. Eclesiastés dice que el trabajar y disfrutar del fruto del trabajo es un don de Dios. El trabajo puede ser una de las actividades de mayor satisfacción para la existencia del ser humano, pero el pecado la corrompió e hizo que sea más difícil trabajar.

La exhortación de trabajar aún permanece y no ha cambiado en el Nuevo Testamento cuando se les incentiva a los creyentes a "negociar".

Jesús Explica la Importancia del Trabajo y los Negocios

Jesús enseñó que los negocios son una parte importante de la misión para cambiar el mundo. El habló muy frecuentemente acerca del dinero. De hecho, 1 de cada 6 versículos en el Nuevo Testamento tiene relación con las finanzas. Jesús pasó 15 años de su vida adulta trabajando como un carpintero. Cuando Jesús comenzó su ministerio, el 80% de las veces el lugar donde se centró su ministerio, fue en los lugares de negocios. Incluso 39 milagros registrados en el libro de los Hechos, ocurrieron en un ambiente laboral.

A pesar de ésta realidad menos del 10% de los creyentes ha recibido enseñanzas acerca del trabajo y los negocios; aunque el 70% de su tiempo lo pasan ahí. Muchos cristianos ven el trabajo sin una importancia significativa para el Reino de Dios. Piensan que las cosas realmente importantes suceden en la iglesia, después del trabajo en el "ministerio". La mentalidad Cristiana y las actividades en la iglesia deben empezar a cambiar en pleno siglo 21. Jesús enfatizó la importancia del trabajo y los negocios en sus parábolas.

"Oyendo ellos éstas cosas, prosiguió Jesús y dijo una parábola, por cuanto estaba cerca de Jerusalén, y ellos pensaban que el reino de Dios se manifestaría inmediatamente. Dijo, pues: Un hombre noble se fue a un país lejano, para recibir un reino y volver.

Y llamando a diez siervos suyos, les dio diez minas, y les dijo: Negociad entre tanto que vengo. Aconteció que vuelto él, después de recibir el reino, mandó llamar ante él a aquellos siervos a los cuales había dado el dinero, para saber lo que había negociado cada uno.

Vino el primero, diciendo: Señor, tu mina ha ganado diez minas.

Él le dijo: Está bien, buen siervo; por cuanto en lo poco has sido fiel, tendrás autoridad sobre diez ciudades." *(Lucas 19:11-13, 15-17)*

¿Qué podemos aprender de ésta parábola? Él enseñó ésta parábola porque la gente estaba pensando que el Mesías habría de venir inmediatamente y que establecería su Reino físicamente. Esto hizo que muchos de los judíos y seguidores de Jesús, se descuiden de muchas cosas que Dios les había ordenado. Ellos esperaban que el Mesías arreglaría todos sus problemas y no tenían que trabajar, haciéndolos improductivos. Esto es una realidad tanto ayer como hoy.

Si un Cristiano piensa que Jesús viene pronto, ésa fe no debe hacerlo descuidar los mandatos de Dios —ser fructífero y multiplicarse, trabajar, predicar el evangelio, ayudar a los pobres, y discipular a las naciones-. Estas responsabilidades nunca han sido rescindidas, incluyendo a la última generación existente hasta que venga Cristo.

Además del propósito principal de la parábola, hay principios que afirman el rol de la propiedad privada, el trabajo, la creación de riquezas, el negociar, ahorrar, e invertir, que producen ganancias. Todas éstas deben ser hechas "hasta que yo venga." En otras versiones el texto dice "ocúpense" otros dicen "negociad." La raíz de esta palabra en el griego significa trabajar en nuestra ocupación.

El resultado natural de ser diligente en el trabajo es la creación de riquezas y el incremento de las mismas. Debemos notar otra cosa aparte de la ganancia económica: Jesús dijo que los trabajadores fieles serían recompensados con "autoridad sobre ciudades."

El cristiano en el área laboral y de negocios tiene un propósito superior -ganar influencia en su comunidad- y ser usado por Dios para un impacto significativo. Tener dinero para la iglesia, para los pobres, y además para el liderazgo en la comunidad, es lo que nos da el dominio necesario sobre la cultura. El mundo anhela buenos líderes y cuando una persona es exitosa en los negocios, ellos son percibidos como los líderes de la cultura. Los gobiernos buscan a estos líderes naturales para concejo y asesoría, el cual abre puertas para gran impacto.

El propósito del trabajo con los cristianos es aprender a usar el dinero para estimular la riqueza y el bienestar en la cultura (usando los modelos bíblicos para negocios, la banca, y la benevolencia). El reino crece durante el trabajo y no sólo después del trabajo.

Cuando un cristiano entiende esto y consistentemente actúa bajo éstas verdades, las cosas empezarán a cambiar drásticamente. Pedirle a Dios por sensibilidad y para ser usado por Él, para avanzar el Reino de Dios a través de nuestro trabajo, hace al trabajo más divertido y bíblico.

Principios de Dinero y de Negocios Enseñados por Jesús

Vino otro, diciendo: Señor, aquí está tu mina, la cual he tenido guardada en un pañuelo; Porque tuve miedo de ti, por cuanto eres hombre severo, que tomas lo que no pusiste, y siegas lo que no sembraste.

Entonces él le dijo: Mal siervo, por tu propia boca te juzgo. Sabías que yo era hombre severo, que tomo lo que no puse, y que siego lo que no sembré; ¿por qué, pues, no pusiste mi dinero en el banco, para que al volver yo, lo hubiera recibido con los intereses?

Jesús sorprende a sus discípulos, a los que escucharon, y a los que leyeron. Jesús espera que sus discípulos trabajen y produzcan dinero. Los dos hombres que invirtieron y duplicaron su dinero escucharon "bien hecho, siervo bueno y fiel; fuiste fiel en lo poco, sobre mucho te pondré: entra en el gozo de tu Señor" (Mateo 25:21-23). Sin embargo, el tercer hombre escondió su talento por temor a perderlo al momento de intercambiarlo; el dueño estaba furioso. El siervo pudo haber dado el dinero al banco para recibir el interés. Jesús estaba afirmando la legitimidad de ganar dinero a través del intercambio o el préstamo para ganar intereses. Las dos formas de aumentar las ganancias son distintas, pero ambas son legítimas para Dios. El concepto del banco, el préstamo; estarán siendo explicadas en un próximo capítulo.

La ganancia a través de la inversión es riesgosa. Por eso es que éste tercer hombre tuvo temor para hacerlo: "Tuve miedo, y por eso fui y lo escondí el talento bajo tierra" (v.25). Él pensó que lo mejor era devolver el dinero al dueño. Sin embargo Jesús, identifica la raíz de la causa de los recursos limitados, no es algo en el ambiente o en las corporaciones grandes, o los empresarios malvados. Jesús enfatizó la mente del ser humano –el temor- lo que nos previene de ser buenos administradores de nuestros recursos y talentos. Aquellos que escondieron sus recursos y no se preocupan por multiplicarlos, son los malos y perezosos. En una cultura políticamente "correcta," las declaraciones de Jesús suenan malvadas y sin compasión. Si Jesús dijo que el temor y la flojera son los que crean la pobreza, la falta de recursos, la falta de trabajo, y la escases; entonces nosotros como cristianos tampoco debemos tener miedo de decirles a otros éstas palabras.

Dios se revela a sí mismo por medio de su trabajo (Romanos 1:20) y sus hijos deben hacerlo de la misma forma. El trabajo revela el carácter o la falta del mismo en una persona. Pablo escribió a la iglesia en Tesalónica, "si un hombre no trabaja, que tampoco coma.". Pasajes en el Antiguo Testamento dicen lo mismo. A la gente que puede trabajar no se le debería permitir ser flojos. Recompensar al flojo no es amor ya que le corta la posibilidad de recapacitar y prosperar. Y dijo a los que estaban presentes: "Quitadle la mina, y dadla al que tiene las diez minas. Ellos le dijeron: Señor, tiene diez minas."

Para la mentalidad del mundo moderno y la cultura de hoy, esto debe impactar. Dios premia la productividad y castiga la improductividad. La economía de Dios, no es siempre políticamente "correcta" y para muchos parece no ser justa; pero sí somos objetivos sí lo es. La palabra "justo" no puede ser definida fuera de un contexto bíblico del trabajo y el comercio.

Otra parábola describe a los empresarios pagando el mismo salario a todos por distinto tiempo de trabajo para labrar su tierra. El empresario quería ayudar a las personas que necesitaban trabajo. Cuando otros escucharon que había pagado el mismo salario a todos, al dueño lo acusaron de ser "injusto." Desafortunadamente algunos usan este ejemplo para respaldar un razonamiento equivoco detrás de la idea de "justicia social." La parábola de Jesús dice que la avaricia estaba en los corazones de los trabajadores pero no del dueño. El problema del pecado afecta tanto al empleador como al empleado, a los ricos y a los pobres. Todos pueden tener codicia tras ganancias materiales y acusar a otros por ése mismo pecado que está en sus corazones.

Muchos que reciben herencias pierden todo porque sus riquezas son activos perecederos. Sin embargo, las riquezas incluyen el carácter interior, que es esencial para mantenerlas y para producir la propiedad exterior; Deuteronomio 8:18 dice "Es él, el que te da el poder para hacer riquezas."

La riqueza está asociada con la productividad y el emprendimiento; y se adquiere a través de las capacidades, el conocimiento espiritual, y el carácter desarrollado por obediencia a los principios de Dios acerca de la administración de recursos. Los bienes perecen. Las riquezas pueden ayudarte a conseguir los bienes.

La riqueza y el emprendimiento están muy relacionados. El emprendimiento involucra cuatro actividades básicas:

1. Identificar oportunidades

2. Tomar riesgos calculados

3. Resolver problemas

4. Ejerciendo mayordomía y buena administración. Una persona que hace éstas prácticas será exitosa y eventualmente será productiva y rica.

Características de un Negocio Bíblico

Además de las mejores prácticas que los trabajadores pueden hacer para bendecirse a sí mismos y a la sociedad, existen patrones de influencia que emergen de líderes Cristianos en los negocios y las empresas. Para que un negocio descubra los principios y modelos distintos a los que operan en el mundo, el liderazgo debe entenderlos y practicar el modelo de cosmovisión Bíblica para los negocios. La educación, los ejemplos, y el experimentar el liderazgo bíblico son cruciales para identificar aquellas características para transformar los negocios. Gerald Chester, en: Mas Allá de Babel, explica estas características esenciales de la siguiente manera:

El Fundamento de la Cosmovisión Bíblica

Un negocio alineado en la palabra de Dios necesita una filosofía bíblica, valores, y principios que determinan el propósito y los pasos para una operación y resultados exitosos. Más información sobre lo que es cosmovisión puede ser encontrado en los otros libros de esta serie (ver en la contra tapa del libro para más información). Simplemente porque una persona sea Cristiana y vaya a la iglesia, no significa que entienda la cosmovisión bíblica para su vocación. Se requiere de un entrenamiento intencional y metodológico para poder "renovar su entendimiento para que comprueben lo que es bueno" (Romanos 12:2) de acuerdo a la evaluación de Dios, y no las evaluaciones del mundo secular.

Liderazgo Bajo el Mismo Yugo

La escritura dice "dos son mejor que uno, porque tienen mejor fruto de su trabajo: si uno cae, su amigo lo levantará. Pero ay del hombre que cuando cae, no tiene quien lo ayude a levantarse" (Eclesiastés 4:9-10). También dice, "En la multitud de concejo está la sabiduría." Líderes trabajando en equipo en un negocio necesitan tener la misma visión, espíritu de servicio, gracia, madures, capacidad, y pasión.

Los líderes necesitan asesores en los que puedan confiar, incluyendo a sus esposas, para decisiones grandes y para problemas con el personal. Los asesores deben buscar el mejor interés para la empresa y sus líderes siempre en el corazón, deben evitar involucrarse directamente en la empresa. Los asesores hacen las preguntas más difíciles; apoyan a los líderes en tiempos de estrés; proveen y animan las decisiones necesarias y difíciles. Los buenos líderes valoran la opinión de otros, haciendo que el aprender y el rendir cuentas, sean hábitos personales; los buenos líderes estarán siempre involucrados en los pequeños grupos que se enfocan en el desarrollo personal a través del crecimiento espiritual.

Planificación Estratégica

Jesús habló acerca de la planificación necesaria para construir una torre o prepararse para la guerra (Lucas 14:28-31). Los buenos líderes desarrollan estrategias que están alineadas con una misión a largo plazo que provee productos y servicios que estén alineados con el propósito de Dios. La oración debe ser algo central en la planificación estratégica.

Cuando se crean convenios de negocios, los líderes Cristianos pondrán todos los contratos o convenios en forma escrita para tener claridad, y evitar conflictos futuros y pleitos judiciales. Cuando hay una discrepancia, los buenos líderes lo resuelven rápido.

La competencia es vista como algo beneficioso "El hierro se afila con hierro", y el hombre con otro hombre (Proverbios 27:17) el cual beneficia a ambos. Hacer amigos, aprender de los competidores, y consistentemente reflejar un modelo bíblico de relaciones interpersonales, puede ser beneficioso para el potencial de un futuro exitoso para las alianzas. Pero sobre todo, porque es lo correcto.

Excelencia Ejecutoriada

Proverbios 27:23 dice, "Mantente al tanto de tus ovejas, preocúpate por tus rebaños." Aunque hable de un pastor, ésta palabra habla de la responsabilidad de un supervisor o de un ejecutivo, que desarrolla una cultura de éxito. El Nuevo Testamento habla que la oveja reconoce y responde a la voz del pastor.

Los líderes empresariales cristianos constantemente comunican a sus empleados acerca del sistema, los recursos y del servicio. Daniel y sus amigos sobresalieron entre todos los demás y por eso Daniel fue promovido a un lugar de influencia aunque estaban en un país extranjero. Cuando los empleados son tratados con excelencia su comportamiento es similar al de Huram, que es descrito en 1 de Reyes 7:14b "Hiram tenía mucha destreza, entendimiento y experiencia en la fabricación de artículos de bronce. Así que el rey Salomón pidió que viniera, e Hiram aceptó ir. El rey Salomón lo puso a cargo de todo el trabajo en bronce, e Hiram hizo todo lo que se le encargó".

A los empleados hay que tratarlos como familia y se les debe mostrar un interés genuino por ellos. La excelencia es impulsada cuando el cuidado y el tiempo, son tomados en el proceso de contratación, para poder obtener gente buena, y cuando un empleado no está siguiendo con eso, después de varias advertencias, será rápidamente removido. Un líder bueno se da cuenta que hay un tiempo cuando la actitud sobrepasó a la habilidad.

¿Cómo trata la empresa a sus vendedores? Con respeto genuino, y pagos a tiempo. Nunca tomar la oportunidad para crear una desventaja poco favorable; esto va a producir un compañerismo a largo plazo. El área de contabilidad es otra área en que la excelencia debe estar a su máximo nivel; los buenos líderes son precisos en esta área, revisan sus flujos de cajas regularmente, son expertos en poner los precios, y prudentemente manejan las deudas.

Excelencia Validada por el Cliente

Es mejor ser criticado por un hombre sabio, que ser alabado por alguien falto de entendimiento; "un hombre generoso será bendecido, porque comparte su comida con el pobre" (Proverbios 22:9). Los líderes de Dios determinarán cómo piensan sus clientes y lo que necesitan. Estos clientes leales harán a la compañía prosperar.

Es la voluntad de Dios tratar a los clientes con dignidad y respeto, trabajar para encontrar soluciones, cumplir con las promesas, y determinar sus deseos y sus necesidades. Los ingresos son la medida del éxito, el cual se convierte en una oportunidad para bendecir a los clientes con los mejores productos y servicios, que suplan las necesidades de las personas y de la comunidad. También se debe ahorrar una parte de las ganancias, para cuando haya temporadas bajas y para las inversiones de crecimiento.

Principios de Administración Efectivos que traen Prosperidad a las Naciones

Los principios de negocios ya mencionados reducen la corrupción, empoderan al trabajador y al consumidor; mientras que producen riqueza a las naciones en diversas culturas. También hay principios de administración que también traen bendiciones para las empresas.

El mejor liderazgo es el del modelo colectivo o "colegiado" en dónde los administradores del nivel medio son los más importantes. Todos los empleados deben tener al menos un jefe quién está involucrado en la toma de decisiones de todos los niveles. El excelente fluir comunicacional interno en todas las direcciones -en especial hacia arriba- entre los gerentes es fundamental. Los consultores deben ser utilizados cuidadosamente enfatizando a los gerentes. Un líder tanto en forma moral como práctica estará consciente de sus responsabilidades a la sociedad. Cuando las empresas tienen éste nivel de liderazgo, los empleados son tratados como seres humanos, las posibilidades de una actitud abusiva y corrupta de los gerentes y de los empleados son minimizadas.

Los gerentes deben poseer o adquirir un conocimiento de dominio, el cual significa un conocimiento profundo de la tecnología y del funcionamiento del negocio o de la compañía. Esto puede ser logrado a través del proceso de aprendizaje y/o capacitación dentro de la misma. Los mejores administradores y gerentes comienzan en una posición inicial y luego ganan experiencia, a través de la rotación laboral, lo cual crea un executivo integral.

Se debe contratar personas que buscan estar a largo plazo con la compañía, por lo menos 8 años. El sistema de remuneración debe promover el trabajo en equipo. Finalmente, los buenos gerentes evitaran las deudas, o la usarán mínimamente y cuidadosamente.

Lidiando con la Corrupción

La gente alrededor del mundo identifica la corrupción como el problema más grande y que además está relacionado con la mala administración financiera. La corrupción es deshonestidad. Dentro del contexto de gobernabilidad, la corrupción es el fracaso a la integridad en un sistema; o la distorsión por la cual los individuos son capaces de ganar a nivel personal a expensas de los demás. La corrupción política es lamentablemente una parte de la historia de la humanidad y se manifiesta a sí misma a través de sobornos, extorsión, nepotismo, beneficios, despilfarro, fraude, y --el más común- cuando los servidores públicos roban, o sacan créditos ilegítimamente de los fondos públicos. La corrupción asociada con los negocios y con los líderes empresariales debe ser castigada e imputados de igual manera.

Por causa de la naturaleza caída del hombre, la corrupción tanto en el gobierno cómo en los negocios existirá a no ser que el mercado desarrolle transparencia y políticas efectivas. Hay una necesidad inminente por líderes incorruptibles. Cómo mencionamos en la introducción, Jesús encomendó a sus discípulos a discipular las naciones y les dijo que ciertas cosas sucederían como señales, si su trabajo estaba siendo cumplido. Él les dijo a sus discípulos que "tomarían serpientes y beberían cosas mortíferas" sin consecuencias negativas. Esto sugiere que Cristo prometió protección al ser expuestos a la maldad en el mundo de los negocios. Éstas son buenas noticias porque la corrupción es una fortaleza en las naciones asociadas con el amor al dinero, del cual el Apóstol Pablo advierte que es la raíz de toda maldad (1 Timoteo 6:9-10).

Cuando la gente siente que su dinero está en peligro, las posibles repercusiones contra aquellos que se exponen a la corrupción, pueden ocurrir. Más común es el peligro que los cristianos enfrentan cuando son tentados por el "mamón de la injusticia." Éste es el motivo por el que tantos cristianos han sucumbido a las tentaciones del poder y del materialismo cuando entran a la política y a las esferas de poder; muchas iglesias y líderes han equivocadamente amonestado a los creyentes a alejarse de ésas esferas de influencia. Esto es un error. El mandato de Cristo es de ir a todo el mundo incluyendo aquellas montañas de negocios o dominios culturales.

La corrupción toma muchas formas, desde el soborno o el abuso del poder, hasta el enriquecimiento ilícito a través de la apropiación indebida y de otros medios deshonestos de robar. Los sobornos permiten a las transnacionales a ganar contratos (en especial para obras públicas y equipamiento militar) o concesiones que de otra forma no habrían ganado, o de hacer unas cosas por otras para recibir favores. La erradicación de la corrupción en los países en desarrollo debe ser la primera prioridad. Lo mismo es cierto en los grandes bancos y en las corporaciones multinacionales cuyas actividades en países pobres deben ser ejecutadas con integridad y sin avaricia.

La gente de Dios debe estar dispuesta a arriesgarse a "tomar las serpientes" y "beber las cosas mortíferas" para poder transformar el mundo empresarial y financiero. Cada sociedad necesita gente que empiece negocios con los modelos y perspectivas bíblicas; y no con los modelos del mundo. Los líderes empresariales necesitan emerger y trabajar con colaboradores cristianos, promoviendo políticas en la compañía y en el mundo político, que bendigan cada nación. Éste modelo está basado en una comprensión bíblica como base para la libertad económica, que incluye todas las libertades y derechos de producción, distribución, o consumo, de bienes y servicios. Las verdades bíblicas protegen el derecho inalienable a la propiedad privada, mientras que resguarda la libertad de moverse por trabajo, capital y bienes. Los principios bíblicos demandan una absoluta ausencia de coerción o limitación de la libertad económica, más allá del punto necesario para que los ciudadanos puedan protegerse y mantener la libertad.

Para derrotar la corrupción ésta alianza de empresarios íntegros y ésta labor de líderes, siempre debe defender y pararse, para que los individuos operen en una sociedad económicamente libre. Todo está permitido: trabajar, producir, consumir, e invertir en cualquier forma que deseen, bajo la regla de la ley, protegida y respetada por el estado.

Luchando Contra las "Cosas Mortíferas" en la Economía de las Naciones

Todas las acciones gubernamentales involucran la coerción, pero son los ciudadanos de una comunidad o nación, los que defienden, promueven el desarrollo de la sociedad civil, y disfrutan del fruto de su trabajo. Por ejemplo, los ciudadanos pagan impuestos para proveer los recursos necesarios para la protección de las personas y la propiedad; como también para la defensa común. Los teóricos políticos aceptan como cierto que algunos bienes -los que los economistas llaman "bienes públicos"- pueden ser provistos por el estado en forma más eficiente que a través del sector privado. De particular interés es la libertad económica, que también incluye los bienes públicos, así como el mantenimiento de la policía, para proteger los derechos de propiedad; una autoridad monetaria para cuidar la moneda, y un sistema judicial imparcial, para hacer respetar los contratos entre las partes.

Cuando la coerción del gobierno crece más allá de los niveles mínimos, empieza a ser corrosiva para la libertad -es la economía la primera libertad en ser afectada-. La expansión del poder estatal, requiere de implementación y por ende dinero, el cual es extraído del pueblo a través de los impuestos. Exactamente donde está la línea entre la coerción mínima y una coerción dañina es una línea abierta a discusión. A través de la historia, los gobiernos han impuesto una amplia cantidad de limitantes a la actividad económica, limitar la opción económica distorsiona y baja los niveles de producción, distribución, y consumo, de bienes y servicios (incluyendo servicios laborales). El establecer y controlar los precios, es quizás el ejemplo más claro de la distorsión producida por la coerción estatal, por su muy conocida forma en que interfiere con el equilibrio entre la oferta y la demanda.

Los eruditos han reconocido que hay algunas libertades fundamentales en las escrituras y en la historia Cristiana, que deben ser establecidas y restauradas en cada sistema económico de las naciones. Éstos como también una guía gubernamental debe eliminar la corrupción -lo que sólo beneficia a unos pocos, sean corporaciones o sistemas estatales grandes-. Necesitamos abogados cristianos, que no cesen de luchar en estas áreas de corrupción, que contienen políticas económicas ajenas a la biblia:

Corrupción en la Regulación

Muchos trabajadores y empresarios son forzados a "beber cosas mortíferas" que destruyen la salud económica; una es la carga de las leyes regulatorias redundantes, que son barreras comunes a la libre conducta de las actividades empresariales. Las regulaciones son una forma de multa que hace difícil al empresario generar valor a la empresa. Cada individuo debe tener el derecho a crear, operar, y cerrar empresas, sin la interferencia del estado. Aun cuando muchas regulaciones dañan a las empresas, aquellas que se deben eliminar principalmente, son las que están asociadas con "obtener licencias" a nuevas compañías o negocios. El gobierno debe aplicar regulaciones consistentes para todos, creando un ambiente empresarial predecible.

La habilidad para acumular la propiedad privada, es la fuerza motivadora número uno en el mercado; la regla de la ley es vital, para que funcione un modelo económico de libre mercado. Asegurar y resguardar la propiedad privada les da a los ciudadanos la confianza para comenzar actividades comerciales, ahorrar su dinero, y hacer planes a largo plazo; sabiendo que sus ingresos y sus ahorros están libres de expropiación y robo. La protección a la propiedad privada, requiere la existencia de un sistema judicial honesto y transparente, que sea efectivo y disponible para todos sin discriminación.

Los cristianos deben pelear para que las personas sean libres de estas cargas impuestas por regulaciones estatales sobre los negocios y del temor que el gobierno pueda quitarles su propiedad privada.

Corrupción de Inversión y Mercadeo

Otra "cosa mortífera" para los trabajadores y los empresario son los impuestos —cargas impositivas- sobre las importaciones, exportaciones; la prohibición de importación/exportación de algunos productos; y las barreras regulatorias para el libre mercado entre naciones; al grado que el gobierno daña el libre comercio de productos entre naciones, creando una carga directa sobre la habilidad de los individuos de llegar a sus objetivos económicos. Las tarifas directamente aumentan los precios que los consumidores locales pagan por productos importados. Éstos costos distorsionan el incentivo a los productores locales, limitando su actividad comercial. El crecimiento económico es truncado. La libertad del comercio –el libre mercado- es un reflejo de la amplitud de una economía para importar bienes y servicios de todo el mundo. Los cristianos deben luchar para que cada persona, tenga libertad de comercio y de intercambios comerciales libres entre compradores y vendedores, en el mercado internacional.

También es mortífero a la salud económica cuando hay restricciones sobre la inversión extranjera. Tanto los ingresos como los egresos son limitados cómo capital. En un ambiente libre, el capital encontrará su mejor uso donde más se necesita y los retornos a la inversión son mejores. La acción del gobierno para direccionar el fluir del capital es una imposición a la libertad de los inversionistas y a la libertad de la gente que busca capital. Mientras más restricciones un país impone sobre inversión, más bajo se convierte su nivel de emprendimiento y su crecimiento económico.

Una regulación o restricción del gobierno en un área, puede crear un mercado informal en otra área. Por ejemplo, un país con grandes restricciones o barreras al mercado internacional, pueden tener leyes que protejan al mercado doméstico limitando la importación de bienes extranjeros; pero éstas barreras promueven el incentivo al contrabando y al mercado informal para los productos restringidos. Los cristianos necesitan pelear para que cada persona tenga libertad de inversión.

Corrupción en Deudas e Impuestos

Una tercera "cosa mortífera" a la salud económica de los trabajadores y de los empresarios, es la deuda externa del país que debe ser pagada a través de los impuestos. Algunos de los impuestos a los consumidores son los impuestos salariales, a los comercios, las tarifas, y el impuesto al valor agregado – IVA-. La taza de impuestos marginales, es lo quita el gobierno de la ganancia de la próxima unidad de trabajo, o de involucrarse en un nuevo proyecto de negocios. Lo que queda después que el impuesto es restado es la recompensa por el esfuerzo. Mientras más quita el gobierno, menos será la recompensa del individuo a su esfuerzo. Los impuestos altos interfieren con la habilidad de los individuos y de las compañías a buscar sus objetivos en el mercado y reducirá el deseo en la gente a trabajar o invertir. Los cristianos deben trabajar para que cada persona tenga la libertad fiscal para mantener y controlar sus ingresos y riquezas.

Corrupción Monetaria y Bancaria

Otra "cosa mortífera" para los trabajadores y empresarios, es el impuesto invisible de la inflación, el cual confisca bienes y distorsiona los precios. La inflación malgasta los recursos, eleva los costos para hacer negocios, y daña a la sociedad libre. Los gobiernos crean inflación cuando tratan de controlar los precios, corrompen la eficiencia del mercado y llevan a escases o a excesos. El valor de la moneda de una nación está controlado por la política monetaria del gobierno. Un banco independiente central y una moneda estable basada en precios determinados por el mercado disminuyen el abuso en los precios. Una moneda estable, como medio de respaldo en oro, plata, etc. es clave para crear estabilidad –a futuro- a largo plazo. Inversiones, ahorros, y otros planes a largo plazo son más fáciles de hacer, y los individuos disfrutan de más libertad económica.

Los cristianos necesitan pelear para que cada persona tenga libertad monetaria y donde la moneda no sea manipulada por los políticos. Virtualmente cada país provee una supervisión de bancos así como de servicios financieros; ésta supervisión sirve con dos propósitos: asegurar la seguridad del sistema financiero, y garantizar que la compañía financiera cumpla con las responsabilidades básicas fiduciarias. Un exceso de regulaciones financieras y bancarias por el estado, limita la competencia, impide la eficiencia, y aumenta el costo financiero de actividades empresariales. En un ambiente bancario libre, el mercado debe ser la primera fuente de protección usando auditores independientes y servicios de información. El monitoreo privado difiere al de las cargas e intrusiones del gobierno: a sus regulaciones, a bancos propietarios del gobierno; e interviene con la provisión de servicios financieros a los consumidores. El exceso de intervención estatal en estas áreas lastima la libertad económica e inhibe la habilidad y las opciones de servicios financieros no bancarios. La inestabilidad reduce la habilidad del sector de seguros de hacer servicios basados en los riesgos y las condiciones del mercado. Los cristianos necesitan que cada persona tenga un sistema bancario libre.

Corrupción Laboral

Una quinta "cosa mortífera" para trabajadores y empresarios es que el gobierno controle los salarios, restrinja las contrataciones y despidos, y regule temas de la salud y de seguridad. Las uniones o sindicatos juegan un rol importante en regular la libertad laboral y puede ser una fuerza para la libertad, o un impedimento al funcionamiento del mercado. La habilidad para que un individuo trabaje cuando sea, donde sea, como sea, y cuánto tiempo sea, genera un componente importante para la libertad económica y social.

La libertad para que las compañías puedan contratar libremente a un trabajador y para despedir un trabador cuando no sea necesario; es un mecanismo vital para aumentar la productividad y para mantener el crecimiento económico. El principio principal de todo mercado es el intercambio libre y voluntario. En el área laboral no es la excepción, cuando se trata de elección voluntaria y la libre competencia. Mientras más es el grado de libertad laboral en una economía, menor será el índice de desempleo. Los cristianos necesitan luchar para que cada persona tenga libertad laboral.

Los casos mencionados son mortíferos a la económica y al bienestar de una nación. La corrupción siempre ha existido a ciertos niveles, pero sólo cuando hay un número significativo de cristianos activamente en el mundo de los negocios y en el área civil, las cosas mortíferas disminuirán.

Capítulo 3

Multiplicando tú Influencia

El ahorro y la banca a la manera de Dios

Lev. 19:36 "Deben usar balanzas, pesas y medidas exactas"

Santiago 5:4 "el salario de los trabajadores… a quienes estafaron con el salario.

2.005, Lagos, Nigeria

Guardias privados con ametralladoras me recibieron
en el aeropuerto y me escoltaron a una mini-van para
llevarme al hotel. Dos cosas llamaron mi atención
mientras miraba por la ventana, en las calles había
simbología Cristiana en todas partes, y en cada cuadra
había una Iglesia Cristiana que tenía carteles que
promovían las obras sociales o sus ministerios. Había
evidencia tangible que sugería que el 50% de Nigeria
era cristiana. Qué testimonio glorioso a la labor
evangelística del siglo pasado.

El libre mercado también era muy evidente. En todos
lados, los productos eran vendidos y los productos eran
envueltos. Una persona occidental común se sentiría
intimidada e incómoda por el ambiente allí. Las
materias en bruto en ésta nación eran abundantes. La
ética laboral era muy fuerte y la mayoría de las personas
trabajaban duro por largos días para poder vivir.

Sin embargo, había otra cosa muy evidente -la
pobreza. La razón principal era que la economía no
estaba funcionando efectivamente. Los líderes del
gobierno estaban lastimando la economía permitiendo
la corrupción y recibiendo sobornos. Cada faceta del
mercado estaba siendo afectada por su deshonestidad.

La creatividad y la investigación para mejorar la eficiencia, están siendo destruidas, por la falta de protección a la propiedad intelectual para las personas con creatividad e innovación. No había un incentivo para invertir más dinero en investigaciones o en herramientas.

Mi suegro, Wendell Golden, vivió por más de 30 años en África como un misionero en varios países. Él ayudo a aliviar las condiciones extremas de cientos de miles de refugiados por la guerra civil de Angola. Pero uno de los testimonios más impresionantes de su vida fue su integridad para nunca recibir una coima para que le hagan un favor o un servicio público; aunque otros cristianos decían que era el costo de hacer negocios, al final lastimaba a todos. Muchas veces él fue parado por la policía y se le decía que podía seguir sí daba algo de dinero. Él jamás lo hizo. A veces significaba sentarse por horas en una oficina, hasta que finalmente la paciencia del oficial corrupto se acababa y lo dejaba ir. Su carácter le ganaba a la corrupción.

El carácter en el mercado es algo poderoso, pero es un principio que muchos ignoran. Los principios Bíblicos son esenciales para que una economía realmente funcione como Dios la diseñó. África es uno de los continentes más ricos en términos de recursos naturales y de gente trabajadora, pero su gran deficiencia es la falta de liderazgo. Las buenas nuevas es éste cambio de escenario, es cuando la iglesia hace su trabajo en discipular las naciones.

Perspectiva Pagana vs. Cristiana acerca de los Recursos en una Nación

Los comentaristas modernos y muchos cristianos caen en la trampa de culpar a la falta de recursos naturales y a la pobreza. Dios no distribuyó la misma cantidad de recursos en cada nación y eso no lo hace a Él injusto. Dios dispersó los recursos como él quiso, y la responsabilidad de descubrir, desarrollar, e intercambiar lo que les fue dado, le pertenece a la gente. Ésta perspectiva pagana es fatalista, declarando que más dinero, herramientas, o inversión de capital, es necesario; y que venga de aquellos que tienen que traer más bendiciones, que de aquellos que no. Creen que el gobierno debe usar el dinero de impuestos para salvar a las compañías que están mal, subsidiar a ciertos productores, garantizar préstamos para los pobres, y otras acciones bien intencionadas pero que vienen de un entendimiento equivocado. La única solución, es la escritura que renueva nuestra mente, e impulsa a la creatividad como nuestro Señor pretendió que se hiciera.

Dios le ha dado a la humanidad "todo lo que necesitamos para la vida, y la santidad a través de nuestro conocimiento de Él quien nos llamó a su gloria y su bondad" (2 Pedro 1:3). Un creyente entiende que Dios "nos ha bendecido en los lugares celestiales con toda bendición espiritual en Cristo Jesús" (Efesios 1:3). Pero eso no es todo, la perspectiva Cristiana garantiza para los individuos y las culturas: libertad, prosperidad, y avance, sin importar la disparidad externa de los recursos; mientras que la perspectiva pagana produce escases, esclavitud, y estancamiento, aunque se tengan los recursos naturales en abundancia. El factor crítico no es lo externo si no lo interno, -los principios y la conducta- que fluye del pensar correctamente. La Biblia describe cuatro recursos: los primeros son externos y comunes para todos, mientras que algunos son internos y limitados a ciertas personas.

Fuentes Comunes de Prosperidad

La primera fuente común de la prosperidad son los seres humanos, que son creados a imagen de Dios; por ejemplo: los recursos humanos del cuerpo, mente, espíritu, que incluye el capital moral y la libertad de tomar decisiones. El auto-gobierno y la propiedad fluyen de un capital intelectual y espiritual. Tomando dominio sobre nuestros recursos internos, los individuos son capaces de tomar dominio sobre los recursos externos. El filósofo político del siglo XVIII, John Locke escribe:

Aunque la tierra y todas las criaturas son conocidas por los hombres, sin embargo, cada hombre tiene una propiedad particular en su propia persona: De ésta propiedad nadie tiene ningún derecho, sólo él mismo. El trabajo del cuerpo, y la labor de sus manos, podríamos decir, son de su propiedad. Lo que sea que él cambié, del estado en el que la naturaleza le proveyó, y se lo dejó; él lo ha mezclado con su trabajo y con ello lo ha unido a algo que es suyo; por ende lo hace de su propiedad. Siendo esto por él removido del estado natural común, en el que le fue dado, y agregándole ahora con su esfuerzo un anexo a eso; ahora eso lo excluye al derecho común de los demás hombres.

Toda la propiedad poseída era adquirida por el trabajo -la labor de alguien-. Más trabajo equivale a más propiedad.

Tomar posesión o título de una propiedad, está proporcionalmente conectado al trabajo de un individuo y/o de una empresa, tanto de la propiedad interior como de la exterior. Esto no es sólo cierto con la propiedad externa sino también con la interna. Se necesita esfuerzo y trabajo para adquirir la propiedad interior de un buen carácter y conciencia. Locke describe cómo la voluntad es el trabajo que se requiere.

Él diferenció entre el consentimiento expreso y el tácito; tácito significa: "silencio, implícito, no expresado." Cuando no hay objeción u oposición a un acuerdo, los hombres viven bajo un consentimiento tácito y rinden sus derechos naturales. La entrega individual o sumisión nacional puede ocurrir por el silencio, o por el fracaso de hacer una objeción. Usando cualquier medio constituido disponible, un cristiano debe rehusarse a permitir que sus derechos de: conciencia, sus convicciones, sus talentos, o sus facultades sean usados contrariamente a la verdad Bíblica. El consentimiento es el título que uno tiene a la propiedad de conciencia. Haciendo una expresión o tomando una acción que indique el aceptar, o el intento de ése esfuerzo, es el mecanismo para convertirse en dueño de algo. Los recursos espirituales son la primera fuente de la propiedad.

Los recursos materiales son la segunda fuente común de la prosperidad. Dios puso las propiedades externas naturales en la tierra y le dio al ser humano la creatividad para poder tomar dominio de ellas de acuerdo a los estándares del Creador. Esto incluye el capital ambiental: Dios creó las semillas para nuestro bien (Génesis 1:31) para permitirnos tomar dominio. Los recursos físicos incluyen el capital social en conjunto con nuestras relaciones personales. La sabiduría, el conocimiento, el consuelo, y el apoyo, son recursos físicos que son transmitidos por los demás. Los recursos materiales incluyen la infraestructura y las posesiones hechas por el hombre, como también los servicios gubernamentales y los derechos protegidos.

La tercera fuente común de prosperidad y quizás la más grande riqueza de una nación, es su capital humano. Hoy en día, muchas naciones en el norte, están fracasando en reproducir suficientes niños para reemplazar a sus padres y en aproximadamente dos generaciones sus economías van a disminuir en una tercera parte. Mientras que en el sur están teniendo muchos niños, esto produce un potencial para la prosperidad ya que hay más personas trabajando.

Fuentes no Comunes de Prosperidad

Además de la prosperidad común para toda criatura creada a imagen de Dios, y los recursos naturales, hay otras fuentes de prosperidad que son menos comunes. Ésta fuente es limitada para aquellos que cumplen ciertos requisitos y otras razones conocidas sólo por Dios

La primera de las fuentes poco comunes de prosperidad son los recursos espirituales. En Colosenses 1:29, Pablo habla de "Su poder (energía)... que poderosamente obra en mí." Éste poder divino es el más poderoso del universo. Éste poder está asociado con: la salvación, el Espíritu Santo, la

Palabra de Dios, el llamado o la vocación, la comunidad cristiana, etc. Sólo aquellos que tienen una relación con Dios a través de Jesucristo, tienen acceso a ésta fuente.

Una segunda fuente, es manifestada en las señales y en los prodigios. Son dones de Dios sobrenaturales cómo provisiones y hechos de Dios para proveer. Una llave para abrir éstos recursos es la oración. Cuando los individuos y la nación claman a Dios por ayuda, Él abre éstos recursos a los que antes no tenían acceso. Dios obra en la historia de forma providencial y estos ejemplos de acción providencial deben llenar a un creyente con la fe que "Jesús es el mismo de ayer, hoy y por los siglos."

Una tercera fuente es la capacidad de pensar correctamente. Cuando una sociedad y los individuos tienen una perspectiva Bíblica de sus recursos y tienen la sabiduría para administrarla; viene la creación de riquezas, libertad y la prosperidad.

Una Economía Cristiana y Factores de Producción

La economía es la ciencia que lidia con la producción, distribución, y consumo de bienes y servicios. La economía Cristiana es la disciplina que estudia la aplicación de los principios bíblicos o las leyes que afectan éstas características. La Economía bíblica, detalla cómo el hombre debe usar los recursos naturales dados por Dios, las ideas, y la energía para satisfacer las necesidades humanas, glorificándolo a Él en el proceso. El Cristianismo produce libertad interior en el hombre que son los fundamentos para una economía Cristiana. El cambio interno del corazón que Cristo dejó, debe producir un carácter cristiano y el auto-gobierno necesario para la prosperidad económica. El carácter Cristiano y el auto-gobierno en una nación producen personas que:

- No roban; miles de millones de dólares son perdidos en las empresas por causa de los empleados. Éste delito es mucho más grande que los otros tipos de hurto.

- Tienen una ética laboral fuerte

- Ahorrarán e invertirán para tener mayor retorno en el futuro

- Se preocupan por el futuro y dejan más riquezas de las que recibieron

La verdad del evangelio es que trae nuevas ideas y creatividad al hombre, por ende aumentan sus posesiones, porque él puede crear mejores y nuevas herramientas. Además, el hombre aumenta el entendimiento que Dios le ha dado abundantemente. Cuando el hombre busca Su provisión, la encontrará.

La introducción del cristiano también se manifestará externamente a través de la libertad política, que es el resultado de la libertad interna. Un gobierno que actúa bajo los principios Bíblicos, tendrá como resultado una Economía Cristiana. La economía vive en la "casa de gobierno." Sus políticas deben promover y proteger la libertad económica.

La libertad económica fluye de la combinación entre la libertad personal y la gubernamental. Ésta libertad incluye el tener propiedad, escoger una profesión, poder tener el fruto del trabajo y poder negociar en un mercado libre. La libertad económica es evidente cuando los salarios y los precios son determinados por intercambios voluntarios de hombres y mujeres libres, y no por el gobierno.

El patrimonio material, es un producto de los recursos naturales, combinada con la energía humana y multiplicada por las herramientas que utiliza. El economista Cristian Charles Wolfe lo representa en ésta fórmula:

R.N. + E.H. x H. = P.M.H.

Recursos Naturales + Energía Humana x Herramientas = El Patrimonio Material Humano

Si los recursos humanos aumentan, también lo hará el Patrimonio Material Humano. Si la Energía Humana es ejercida, el Patrimonio Material Humano aumentará. Si mejores herramientas son construidas, el Patrimonio Material Humano aumentará. Ésta ecuación acerca del Patrimonio Material Humano es aplicable para cada nación. Sin embargo, hay una gran diferencia en aquellos que tienen un entendimiento bíblico quiénes aplican sus energías físicas y mentales, y aquellos que tienen una perspectiva secular.

Perspectivas de una Sociedad con Fundamentos Cristianos y con Gran Libertad Económica

- ### Recursos Naturales

Dios creó al hombre con ciertas necesidades básicas como comida, ropa, y refugio. Dios creó los recursos naturales. Los hombres con entendimiento bíblico creen que Dios ha provisto todo lo necesario y por ende los hombres tienen la fe para buscar, encontrar y procesar recursos naturales abundantemente. Mientras los recursos naturales disponibles para los hombres aumenten, su patrimonio material también aumentará.

- ### Energía Humana

Dios no sólo creó los recursos humanos, sino que también creó la energía humana. Dios le dijo "tengan dominio" o gobiernen sobre la tierra (Génesis 1:26). El hombre fue puesto en el jardín para cultivarlo y mantenerlo

(Génesis 2:15), lo cual requiere trabajo. Después de la caída, cultivar el suelo requeriría de "sudor" adicional (Génesis 3:19).

En una sociedad Cristiana, los hombres son inspirados por Dios para trabajar. En una nación con libertad económica, los hombres toman del fruto de su trabajo, promoviendo el uso de la energía humana. Mientras el hombres trabaja más duro y gasta más energía, su patrimonio material crece (y el de la nación también).

• <u>Herramientas</u>

El hombre era incapaz de cultivar la tierra, dominar sobre el mundo, o incluso suplir sus necesidades básicas solamente con sus manos vacías. Para tomar los recursos naturales que Dios le dio y producir comida, ropa y casas; eran necesarias las herramientas para poder preparar la tierra, cortar los árboles, extraer minerales y refinarlos, etc.

Conociendo eso, Dios le dio al hombre ideas para inventar y hacer las herramientas. Al hombre le fue dada inteligencia y energía física, mental y muscular, para poder tomar los recursos creando las herramientas necesarias.

El hombre siempre ha usado herramientas. Adán y Eva eran granjeros y probablemente usaban herramientas simples para plantar y cultivar. Abel era un pastor y probablemente tenía una vara y un cayado.

Martillos, hachas, hoz, arados, hornos para refinar el oro y la plata, cocinas y herramientas como éstas, son mencionados en la Biblia. La utilidad de una herramienta es medida por el tiempo y la energía que ahorra, por la cantidad y calidad que incrementa, y por los bienes y servicios que son producidos a partir de ellas.

La siguiente tabla revela cómo los avances en las herramientas de agricultura han producido progreso económico (las herramientas son un factor multiplicador en la ecuación del patrimonio)

Periodo	Herramienta	Producción
Adán	Herramientas Simples	Adán y Eva
Abraham	Arado y Bueyes	Una Familia Grande
Siglo XVIII	Arado de Hierro y Caballos	Tres Familias
1.940	Tractor	Catorce Familias
Hoy	Tractores Avanzados	Comida para 60 flias.

El desarrollo de las mejores herramientas siempre ha ocurrido en las naciones donde la gente tiene acceso a las verdades bíblicas y a la mente de Cristo. Rodney Stark efectivamente demuestra esto en su libro: *La Victoria de la Razón: Cómo el Cristianismo Llevó a la Libertad, al Capitalismo, y al Éxito Occidental.*

• • •

La productividad humana es el resultado de las mejores herramientas y del mejor uso de los implementos que hacen aumentar su patrimonio. Debemos ser diligentes en nuestro trabajo. Dios le ha dado al hombre todo lo que necesita para su bienestar -recurso natural, energía humana, y las ideas para crear herramientas-. Con el trabajo, el hombre transforma los recursos humanos en comida, ropa, y protección; entre otras cosas que suplen las necesidades del hombre. El trabajo es el título propietario para la prosperidad.

Perspectivas de una Sociedad con Fundamentos Erróneos y Libertad Económica Limitada

Cuando una cosmovisión pagana o una sociedad secular consideran la ecuación que vimos, la perspectiva es diferente a la de la cosmovisión Cristiana.

- ### Recursos Naturales

Una sociedad secular no tiene fe en la providencia de Dios y consecuentemente los hombres encuentran menos recursos naturales. Esto ocurre porque los secularistas miran al mundo a través de los lentes de la escases y con la mentalidad que en el mundo los recursos naturales son escasos. Cómo si el mundo fuera una torta que necesita ser dividida para que a todos les toque un pedazo. En contraste, los cristianos con una perspectiva Bíblica saben que el potencial en Dios es ilimitado y que no hay escasez de recursos en la tierra que Dios creó. Los recursos están esperando a ser descubiertos y maximizados.

Éste mundo no es un mundo desprovisto o limitado en sus recursos. Las reservas conocidas de minerales y energía en el mundo de hoy en día, son más que las que había a mediados del siglo 20, a pesar que el consumo va en aumento. Las ideas que nos permiten echar mano a los recursos naturales no utilizados son ilimitadas. Los Nativos Americanos usaban el petróleo para pintarse la cara 100 años atrás. Hoy en día, los nuevos usos del petróleo han transformado nuestra economía y traído un estándar de vida más alto para todos. En años recientes, las computadoras y los celulares han revolucionado el mundo usando el chip de silicio, el cual se ha extraído de los componentes de la arena.

Los secularistas ven al mundo como sobrepoblado, pero los cristianos saben que Dios hizo al mundo lo suficientemente grande y con la suficiente cantidad de recursos, para acomodar a toda la gente que él sabía que existiría. Hay espacio y comida para toda la población que hay hoy en día; Cinco mil millones de personas podrían vivir en el estado de Texas, con casas para cada familia con patios traseros y delanteros, y ser alimentados por la producción de comida que hay en los estados Unidos. Hoy en día las áreas para agricultura, sí se desarrollarán todas las existentes, sin usar más tierra con la tecnología que hoy existe, podrían alimentar a Treinta y un mil millones de personas. Lea Max Singer, Passage to a Human World para estudiar mas. El economista Thomas Sowell también habla de esto en sus escritos. Nuestra tierra tiene suficiente espacio y recursos naturales.

- ## Energía Humana

Aquellos con una cosmovisión secular no tienen la fuerza dada por Dios ni la ética laboral. Ésta fuerza y carácter crea más producción, honestidad, capacidad de ahorro para inversión, etc. Además, las naciones seculares con una libertad económica limitada causan que los hombres empleen menos energía ya que ellos no pueden comer del fruto de su trabajo y los impuestos altos reducen la iniciativa de inversión a microempresarios. El resultado neto es que el patrimonio material del hombre disminuye.

- ## Herramientas

Los secularistas no tienen acceso a la mente de Cristo y no leen la Biblia, por eso ellos cortan la fuente de la creatividad, teniendo menos ideas para inventar nuevas y mejores herramientas. La falta de mejores herramientas mantiene la producción y el patrimonio del hombre estancado. Un buen comentario de esto históricamente es encontrado en el libro de Rodney Stark denominado: *La Victoria de la Razón: Cómo el Cristianismo Llevó a la Libertad, al Capitalismo, y al Éxito Occidental.*

Comparando los factores de producción en las naciones Cristianas y las seculares, hay revelación de porqué algunas naciones prosperan y otras no. Mientras que los hombres y las mujeres en cada nación tratan de multiplicar sus energías, con la ayuda de herramientas para transformar los recursos naturales en bienes y servicios útiles, las sociedades Cristianas lo hacen en forma más efectiva y eficiente que las demás.

Un estudio de los ingresos de distintas naciones y de grupos de personas confirma ésta observación. Los países protestantes tienen un ingreso per cápita mucho mayor que el de las naciones católicas. Sin embargo, las naciones no Cristianas tienen ingresos bajos y pasan por hambrunas.

Hay unas pocas excepciones y una de ellas es Japón; Japón ha prosperado simplemente por imitar los principios y técnicas de prosperidad originadas en América -aquellos principios que nacieron de una sociedad Cristiana-. El modelo Puritano de los primeros Americanos, y sus códigos de ética laboral e ingenuidad, fueron copiados por los Japoneses; entre ellos, la idea de "un centavo guardado es un centavo ganado," la responsabilidad individual de la calidad del trabajo, darles a los trabajadores una voz en los procesos de toma de decisiones en las empresas, fortalecer a los trabajadores y gerentes para unirse en un espacio de asociación. En años recientes, los Estados Unidos ha ignorado éstos principios y la excelencia económica empezó a declinar.

Mientras que la aplicación de estos principios ha causado que el patrimonio material de los japoneses haya incrementado grandemente, éste incremento ha llegado a expresarse en mejor nivel de vida y en libertad en otras áreas. El bienestar material no es el único aspecto de una economía Cristiana. La presión por ser exitoso es tan grande, que muchos jóvenes Japoneses no están pudiendo soportar el estrés. Otros están tan metidos en sus trabajos y labores que no tienen tiempo para nada más.

En una economía Cristiana la gente gana más dinero trabajando menos lo cual significa:

- Las personas tendrán más tiempo libre para adorar a Dios, instruirse más, recreación y servir a los demás.

- La gente tendrá más dinero para dar a las iglesias, para obras de caridad, y para los misioneros.

- La gente podrá tener una calidad de vida alta

La verdadera riqueza de una nación es determinada por la cantidad de horas trabajadas para poder comprar un artículo, comparado con la estadística en otra nación. R.N. + E.H. x H. = P.M.H, aplica a cada país en el mundo. Las sociedades que se construyen sobre principios Cristianos, tendrán el entendimiento correcto de los recursos naturales, del carácter para trabajar efectivamente, y del acceso a la creatividad de Dios; lo cual lleva a mejores herramientas y a mayor producción. Mientras que cualquier nación que se adhiere a ésta verdad verá el bien material de sus ciudadanos incrementar; la mayoría de las naciones en el mundo son pobres. De hecho el 46% de las personas en el mundo hoy en día viven en la pobreza. ¿Por qué? Algunos dicen que es porque muchas naciones no tienen recursos naturales. Sin embargo, algunas naciones como Japón que tienen pocos recursos naturales son muy prósperas, mientras que otras naciones con muchos recursos naturales como Bolivia son menos prósperas.

La razón principal es que la pobreza de las naciones es la falta de recursos espirituales, internos y de conocimiento. Una cosmovisión secular que limita la producción va a estancar la producción de riquezas. Las falsas religiones hacen daño por los conceptos culturales que traen a las naciones, por lo cual enseñan conceptos equivocados que producen pobreza y termina afectando el progreso económico. El estado económico de una nación depende de la religión que tengan.

La Rueda del Progreso en una Economía Cristiana

El patrimonio material del hombre se incrementa en una sociedad porque la fe Cristiana y el carácter ayudan a aumentar, vitalizar, y mejorar la producción. Pero los incentivos económicos de libertad también son importantes, al encontrar y procesar los recursos naturales como el petróleo y los minerales que son muy caros. Cómo también lo es el proceso de investigación, desarrollo y producción de herramientas más poderosas y potentes. El motivo económico provee a los individuos el incentivo que se basa en la empresa individual como base en una economía cristiana libre.

La historia muestra que en los países como éstos los hombres libres inventan mejores cosas y desarrollan más herramientas, invierten más en producir herramientas, y usan las herramientas en formas más productivas que en una sociedad secular donde la libertad económica es limitada. Las economías socialistas y comunistas eliminan el incentivo de la ganancia y hacen que las personas sean menos productivas y que trabajen con menor entusiasmo. Quitar o limitar la propiedad privada no hace a la gente feliz y no les ayuda a florecer, a diferencia de cómo muchos en la antigüedad y en la actualidad cómo Platón, y Carlos Marx, lo han expuesto.

La Rueda de la Libertad Dada por Dios

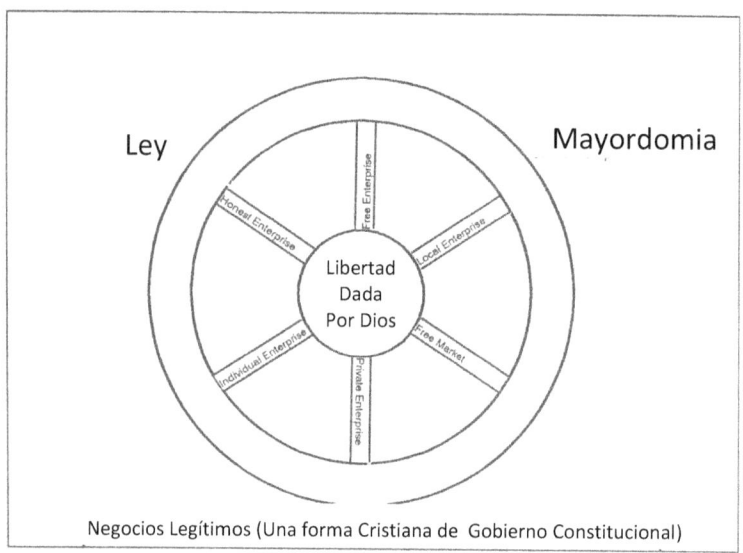

Negocios Legítimos (Una forma Cristiana de Gobierno Constitucional)

La economía Cristiana gira alrededor del corazón del hombre -el lugar donde Cristo trae libertad individual-. Ésta libertad dada por Dios que comienza internamente y luego es manifestada externamente y se convierte en un círculo de la rueda del progreso en una economía Cristiana.

Es importante reconocer ésta libertad como una que es dada por Dios y no por el hombre, ni el estado. Si la rueda de la rueda es visto como una libertad que da el estado o el hombre mismo, y no Dios mismo; entonces ésa libertad puede ser quitada. Una economía continuamente libre y consistente, no puede existir sí las libertades pueden ser quitadas en cualquier momento. Hay ciertas leyes que afectan y traen inestabilidad a la libertad económica, aunque mantengan un modelo de libre mercado. Estos modelos denominados mixtos dan la potestad al estado para manipular la libertad económica de las personas.

La rueda, como la libertad interna dada por Dios al hombre, tiene un núcleo confiable en donde los radios -los principios bíblicos económicos- pueden tener un acople seguro. Sólo la rueda de la libertad puede elevar a las radios ya que es la economía de la libertad, donde los hombres son permitidos a practicar la empresa privada, el autogobierno económico manifestando cada aspecto del radio de la rueda.

La Rueda de la Mayordomía y Ley

En una economía Cristiana, las radios en la rueda del progreso están unidos y la rueda corre suavemente; cuando la disciplina de la ley de Dios y la práctica de la mayordomía Cristiana son ejercidos, la interrelación entre Dios y el hombre juegan y determinan la responsabilidad, para mantener ésa libertad económica bajo el control de Dios.

El gran desafío para mantener la libertad es mantener el orden. Para poder tener esto, la gente debe ser disciplinada desde adentro para que no estén infringiendo en los derechos de otros. Cuando los hombres entienden y obedecen la ley de Dios para una economía Cristiana, lo siguiente sucede:

- Los hombres respetan la propiedad de unos a otros. Desafortunadamente la gente necesita colocar alarmas en sus autos, paredes y rejas. Los guardias protegen las casas y las empresas. En ambientes cómo éstos el crecimiento es obstruido.

- No se engañan unos a otros. Para que la economía de la nación crezca la gente debe ser honesta.

- Acatan los contratos

- Cuando los ciudadanos son elegidos a posiciones gubernamentales usan su poder para intentar corroer el dinero de la gente provocando inflación y restringiendo la libertad económica de la gente a través de excesivas regulaciones e impuestos. Un empresario Cristiano en los países en desarrollo necesita que materiales en bruto pasen rápidamente por aduanas para que grandes órdenes para los clientes puedan ser provistos rápidamente. Antes que éstos materiales sean liberados, 46 firmas de personal en el gobierno se necesitan y para cada firma hay que darles un soborno. Cuando no se da el soborno entonces el proceso de liberación es retardado, los materiales no llegan a tiempo, y la credibilidad y las finanzas son pérdidas. Mucha regulación y deshonestidad estancan al crecimiento económico.

Para mantener la libertad económica, los individuos deben practicar la mayordomía cristiana siendo:

- Productivos para generar recursos
- Disciplinados en ahorrar el dinero
- Sabios para invertir dinero
- Obedientes para enseñar las leyes de Dios a sus hermanos y a los necesitados
- Firmes en no comprar cosas que no son necesarias para traer gratificación instantánea
- Auto-sostenibles sin necesidad de ayuda del gobierno

El Radio dela rueda Económica:

1. Donaciones y Negocios Personales

El principio de Dios de la individualidad expresa que cada persona sobre la tierra es única, distinta, e importante para la economía y por ende tiene:

- Talentos especiales dados por Dios como un productor que llevan a la especialización y a la sectorización laboral (produciendo mayor riqueza en una nación).

- Deseos individuales que lo llevan a ser clientes de un producto/servicio.

- Derechos individuales, como el tener una profesión escogida en forma personal -por sí mismos- (promoviendo mayor productividad, o comenzar un negocio, o comprar los bienes que prefiera).

- Responsabilidades económicas para proveer para la familia y para los pobres en vez que dependan del gobierno.

Los estados socialistas no son bíblicos y no funcionan. Muchas naciones en décadas recientes prueban este punto. Mientras que el dinero del gobierno que es gastado en bonos o servicios de bienestar ha incrementado dramáticamente, también lo ha hecho la pobreza de la nación. La gran mayoría del dinero destinado a los pobres es devorado por la burocracia gubernamental, la cual no tiene corazón para solucionar los problemas. El dinero del gobierno no es la solución a la pobreza.

La biblia dice que la familia y la iglesia son instituciones primarias para la salud, la educación, y el bienestar. Cuando estas responsabilidades son recuperadas el gobierno puede eliminar el gasto de miles de millones de dólares. La empresa individual, se opone al colectivismo económico y a su énfasis sobre el grupo; al aplicar los principios bíblicos "como siembras, también cosecharás," promueve la productividad individual, libera al hombre, y le da dignidad.

2. Auto-Gobierno Económico (Libre Empresa)

Un individuo que se gobierna a sí mismo direccionará y controlará sus propios asuntos económicos de una manera responsable. Él será un auto-gobernado:

- ✓ Productor —no necesitando supervisión constante- para asegurar la calidad y la cantidad de su trabajo

- ✓ Cliente —comprando lo que necesita y nunca sobrepasando sus gastos de sus ingresos-. John Locke decía que la regla de la propiedad no es cuánto uno quiere -sino cuánto uno necesita- y que sea lo suficiente para que un individuo cumpla con la voluntad de Dios para su vida.

- ✓ Ahorrador —regularmente ahorrando parte de sus ingresos- para asegurar una fortaleza económica en el futuro.

- ✓ Manufacturador —produciendo y vendiendo productos y servicios- con la preocupación de los derechos y de las necesidades de los empleados y clientes.

Una nación de gente auto-gobernada crecerá en su economía y la mantendrá libre.

3. Carácter Cristiano (Negocios Honestos)

El carácter Cristiano es el fundamento de una nación libre y próspera. Algunas cualidades específicas que afectan la economía de una nación incluyen:

- Diligencia y fortaleza -el trabajo duro aumenta la productividad y la prosperidad-

- Fe en la providencia de Dios —el trabajo duro no garantiza la prosperidad; debe haber confianza y obediencia al Señor para experimentar su bendición. (Mateo 6:33; Deuteronomio 28). Los individuos y las naciones deben poner su fe en Dios para experimentar su bendición.

- Amor por nuestro prójimo —mientras expresemos nuestro amor Cristiano- vamos a cuidar del necesitado en la tierra.

• Honestidad —Los empleados no robarán a sus empleadores- un gobierno honesto no robará a sus ciudadanos.

4. Propiedad Privada (Empresas Privadas)

El principio de propiedad enseña que la propiedad interna es primera y que los derechos son necesarios para una sociedad libre y próspera. Otras libertades (religiosa, expresión, etc.) cuando son comparadas con la distribución general de la propiedad real entre cada clase de gente, son relativamente menos significativas para mantener la libertad. Sí la gente tiene propiedad, tiene poder. El poder puede ser ejercido para prevenir la restricción de los medios de comunicación -prensa, etc.- para que no exista la abolición de sentencias sin juicios justos, o la violación de otros privilegios.

5. Negocios Locales (Empresas Locales)

El crecimiento económico ocurre cuando las pequeñas empresas son empezadas localmente por individuos responsables que están preparados. Ellos no dependen de otros por trabajo, sino que invierten su dinero, desarrollan ideas que benefician o sirven a otros, comienzan negocios, se convierten en sus propios jefes, ganan clientes, y emplean a otros. Cuando nuevos trabajos son creados la economía crece.

La educación Cristiana produce conocimiento y esto motiva a los individuos cuando ésos conceptos son enseñados. La cosmovisión bíblica Cristiana no espera del gobierno para crear empleos. Esperan que los empresarios asuman ésa responsabilidad para ellos mismos y para los demás.

6. Asociaciones (Libre Mercado)

Un grupo de personas trabajando juntos en distintas naciones y regiones, va a promover el crecimiento económico y prohibirá tasas y barreras, mientras crean un mercado común. Cada persona de cada región creará lo mejor que tiene con los recursos naturales de su nación, intercambiando los bienes y servicios para la producción de otros. Cada persona es libre para vender o para no vender; nunca forzando a nadie a comprar. El intercambio de bienes y servicios es voluntario y ocurre cuando todos los involucrados se benefician.

Un precio por bienes y servicios es determinado por la "oferta y la demanda." En un mercado libre, la oferta se balanceará a un precio que los compradores estarán dispuestos a comprar. Mientras haya más oferta de un mismo producto o servicio, menor será el precio. Mientras más demanda por un bien o servicio se creará un precio más alto.

El Cimiento del Camino: Una Forma Constitucional de Gobierno

Un gobierno civil construido sobre principios bíblicos proveerá un camino por el cual la rueda económica del progreso puede girar con gran eficiencia. Este tipo de gobierno, enraizado en la ley de Dios y su palabra, basado en la idea del hombre y del gobierno, apoya el crecimiento económico, proveyendo un escenario de libertad ordenada. La producción y el intercambio florecen, la propiedad privada es protegida, el fraude y el robo es castigado, y las necesidades económicas no son proveídas por el gobierno. Éste tipo de gobierno será limitado en su accionar y con los suficientes recursos para resguardar la protección y los derechos de los ciudadanos; pero no con tanto poder para dañar las actividades económicas de los individuos.

Incluso si un líder empresarial es un cristiano fuerte, con gran carácter y una cosmovisión sólida frente a las prácticas empresariales, un entendimiento del gobierno y su rol en esta área es importante. El gobierno es como una casa, sí está bien construida el dueño podrá vivir más sanamente que en un ambiente dañino, donde los problemas pueden aflorar. Lo mismo es cierto en la economía, la economía vive en la casa que el gobierno ha creado y afecta la salud de todos. No es suficiente tener buenos empresarios. El gobierno debe crear un marco ideal para que puedan funcionar.

Jesús dijo en Mateo 22:21 "Dar al César lo que es del César y a Dios las cosas que son de Dios." El gobierno civil necesita dinero para cumplir sus responsabilidades de proveer defensa, castigar a los malhechores y mantener la paz. El gobierno estípula la cantidad de dinero que necesita basándose en la propiedad y los salarios. Sin embargo, Jesús no le dio a los representantes civiles el derecho de tomar grandes cantidades de dinero ni de gastarlo en cualquier cosa. Pablo informa que los ciudadanos pagan los impuestos que se les debe a las autoridades civiles (Romanos 13:7) pero no lo que las autoridades "querían". El estado debe limitar los impuestos sólo a ésas áreas que bíblicamente les corresponde.

Cuando el gobierno se limita sólo a proteger las vidas de los ciudadanos, un gran ambiente para el crecimiento es producido. Pero cuando el gobierno gasta sin tener control en responsabilidades que bíblicamente no le toca asumir, entonces el gobierno comienza a crecer y crear impuestos pesados sobre las personas. El gobierno puede prestarse dinero pero eso reduce el suministro económico disponible para empresas e individuos y por ende aumentan los costos de los bienes y de los servicios. Cuando Israel dejó de querer ser auto-gobernado y pidieron un rey; el resultado fue una centralización del poder y del dinero. Una consecuencia fue la confiscación de bienes y sus propiedades a través de impuestos (ver 1 Samuel 8).

Sólo un tipo de impuesto es bíblico y aceptable. El impuesto que es necesario (Éxodo 30:11-16) que era usado para sostener los deberes del estado. Era un impuesto uniforme que cada varón arriba de los 20 años pagaba. Era un monto bajo para que los pobres no fueran oprimidos pagándolo. Todas las demás demandas sociales eran cubiertas por el diezmo dado a los sacerdotes o a los pastores para suplir las necesidades espirituales y para funciones sociales. Cuando los ciudadanos diezman, el dinero que los gobiernos percibirían sería dramáticamente menor. La mayoría de los impuestos del gobierno hoy en día no tienen fundamento bíblico:

1. Impuesto al Salario —Dios requiere del 10% (diezmo)-. Si el gobierno pide más dinero también te pide más lealtad. Esto es idolatría.

2. Impuesto a la Propiedad —Por no pagar el impuesto a la propiedad les pueden quitar las propiedades. El gobierno no tiene derecho a éste tipo de impuesto y el principio es que el dominio de la tierra es de Dios. Hacer esto es robo y es

específicamente prohibido en la escritura. (1 Sam. 8:14; 1 Reyes 21; Ezequiel 46:18).

3. Impuesto a la Herencia —La Biblia no permite que el estado le quite el fruto del trabajo a una persona esté viva o muerta. En una económica cristiana, los niños serán más ricos que sus padres, porque el estado no echará mano en la herencia y sobre todo al patrimonio de la familia; éste entonces crecerá.

El Dinero Honesto y la Inflación

Una economía bíblica tendrá un sistema honesto de dinero. El dinero es una mercancía que tiene un valor genuino en el mercado cómo: el ganado, los cocos, las conchas, el oro, o la plata. Históricamente, el intercambio comenzó con el trueque. El dinero es un intercambio mucho más fácil ya que la gente puede cambiar cualquier bien por dinero y usar el dinero para comprar otras cosas que quiera. En la Biblia, el dinero era un metal precioso como la plata y el oro. El dinero está basado en el principio del "Respaldo", por lo tanto tiene valor.

El dinero como papel es un sustituto por una mercancía tangible. Es más fácil doblar papel en una billetera que estar cargando una bolsa con cocos o con conchas. Pero si el dinero es honesto, siempre estará respaldado por un monto específico de mercancías tangibles, real; que se puede intercambiar en cualquier momento. Levítico 19:35-37 dice:

"No cometan injusticias falseando las medidas de longitud, de peso y de capacidad. Usen balanzas, pesas y medidas justas."

El dinero está respaldado por la fe y el crédito del gobierno. El valor del oro no ha cambiado en comparación al del dinero. Cuando una nación tiene dinero justo, la inflación prolongada no ocurre. Pero cuando un dinero no tiene un metal precioso respaldándolo, entonces el dinero que es creado por el estado sin respaldo, hace que el gobierno gaste más dinero del que recoge en impuestos. También puede imprimir más dinero cuando haya necesidad. Éste patrón crea inflación.

Una de las señales bíblicas para mostrar que una nación está retrocediendo en su economía, es la condición de su moneda y el grado de honestidad en sus pesas y medidas. Cuando una nación moralmente cae, su moneda también. Cuando Dios reprende a Israel por alejarse de Él, en Isaías les dice "tu plata se ha convertido en escoria" (Isaías 1:22).

Mucha inflación significa un incremento en los precios. Más que probable, el gobierno está aumentando la cantidad de dinero para pagar sus índices deficitarios. Cuando esto pasa ya sea por impresión de más dinero o por crédito, el peso de cada moneda cae; las empresas comienzan a subir sus precios para poder seguir comprando los materiales que necesitan para sus productos.

El gobierno es el único que se beneficia con la inflación. Cuando el gobierno imprime dinero sin respaldo los ciudadanos empiezan a perder su dinero. ¡La inflación es un ladrón y un impuesto tiránico! "No robarás" (Éxodo 20:15). Sí una persona decide abrir una imprenta e imprimir dinero es un criminal, pero cuando el gobierno lo hace, se llama "monetizando la deuda" o "estimulando la economía"; pero no hay diferencia moral.

La inflación trae deudas y no permite el ahorro, la gente paga más caro por sus bienes y servicios robándoles sus ingresos, esto disminuye las inversiones y los capitales lo cual produce un retroceso en la economía. Las formas para prevenir la inflación son: abolir los bancos centrales, abolir leyes de control económico, y respaldar todo dinero con oro. Además, se deben suspender la reservas fraccionales de los bancos. Originalmente los bancos sólo podían prestar lo que tenían en reserva; los bancos prestaban dinero y los que tenían su dinero en el banco, ganaban intereses sobre el dinero prestado, no pudiendo retirar el dinero hasta que se cumpla el plazo. Había un interés para el banco por la inversión del dinero. Hoy sin embargo, la mayoría de los bancos tienen un sistema de reserva fraccionada. Los bancos necesitan quedarse con un 15% del dinero en efectivo, en sus cajas fuertes, y el 85% puede ser prestado.

Hay mucho trabajo por hacer para traer la reforma económica. Habiéndose entendido que los principios

Cristianos de economía es el punto de inicio. Instruir a los ciudadanos y a los líderes es el siguiente paso. Dios va a honrar nuestras acciones con resultados que eliminen la inflación y que creen oportunidades para que todos prosperen.

Capítulo 4

Compasión Genuina

Principios Bíblicos de caridad y cuidado al pobre

Lev. 23:22 "...Cuando recojas... Deja para los pobres"

Lucas 19:23 "¿...porque no pusieron el dinero en el banco?"

2.010, Santa Cruz, Bolivia

Frecuentemente por mi ministerio de equipar líderes para discipular las naciones, me encuentro en la presencia de líderes que ya tienen prestigio en sus campos profesionales y por ello tienden a tener una vida de clase media o media alta. Muchas veces estoy enseñando a personas en centros de convenciones de primer nivel o en mega iglesias alrededor del mundo. Muchas veces me alojan en los mejores hoteles de la ciudad.

Pero ocasionalmente Dios me bendice con la oportunidad de ver y tocar la verdadera pobreza. Estoy agradecido de verlo en lugares como Nigeria y Zambia en África, en Visakhapatnam una ciudad de India, y en Surabaya en Indonesia. Los americanos que nunca viajan fuera de los Estados Unidos no tienen una manera real de comprender la pobreza extrema. En Suramérica, en Bolivia es uno de ésos lugares donde hay extrema pobreza.

Un grupo pequeño liderado por María Irene Squillaci está trabajando de formas sorprendentes. María Irene como directora a la Red de Transformación Global para Latinoamérica, organiza un evento que para mí es de los seminarios más excelentes, para los líderes más influyentes en ésa nación. Sin embargo, al mismo tiempo moviliza a su gente para cuidar de los más pobres. Tuve el privilegio de estar en el Centro de Rehabilitación que está convirtiendo a jóvenes de la calle en hombres productivos en la sociedad. He visto cómo viajan todos los días a llevar alimentos y medicamentos a cientos de ancianos que no tienen quien cuide de ellos. Mi esposa Nancy, en una oportunidad viajó conmigo, fue llevada al comedor comunitario que ellos tienen para adultos mayores. También, tuve la oportunidad de sentarme en uno de sus centros para adultos mayores donde pude compartir palabras de bendición para ellos.

Pregunté al Señor: ¿Dios qué puedo decir que tenga valor para ellos? Me siento inadecuado, más aún que cuando tengo que hablar a: líderes, parlamentarios, presidentes, generales del ejército, presidentes de universidades, o directores de medios de comunicación prestigiosos. Aquí me siento desnudo y más bendecido que en cualquier otro lado, al compartir algunos pensamientos, pero lo más importante es poder abrazarlos. Agradezco a Dios por la oportunidad de compartir ésos abrazos y ésas caras. La iglesia en todo el mundo, en su ayuda a los pobres y a los ancianos, es un fenómeno que sin duda no se puede igualar a ninguna religión o cultura en la historia de la humanidad.

Pero eso no es todo, ver a los niños yendo a sus clases de liderazgo todos los días para un entrenamiento de alto nivel con asambleas exclusivas para ellos, es una visión extraordinaria de SANCAP (organización liderada por María Irene).

Todo esto no es de una sola iglesia, al contrario están entrenando a hijos de pastores de distintas iglesias. Hoy en día ésta Escuela de Liderazgo se denomina "Escuela de Héroes". Han creado uno de los mejores materiales en liderazgo que transforman la conducta y el pensamiento de los niños, de tal forma que con el programa de oratoria, etiqueta, protocolo, inglés, música, y reforzamiento escolar, los niños estarán a punto cómo lanzas en el mundo. Es una bendición ver niños de escasos recursos con niños pudientes, compartir y aprender la palabra de Dios, creciendo juntos y compartiendo los unos con los otros. Más información de la Escuela de Héroes en www.escueladeheroes.org

Prácticas para Evitar la Pobreza

Desde una perspectiva bíblica, hay tres mejores prácticas que cada trabajador debería practicar: laborar, ahorrar, y dar. Los anteriores capítulos trataron de la importancia de trabajar y luego de intercambiar lo que cada uno ganó, además de ahorrar, y de dar, existen cinco (5) enfoques adicionales que son importantes para superar la pobreza:

-Presupuestando (Lucas 14 & 16)

-Establecer metas (Proverbios 1)

-Invirtiendo (Mateo 21)

-Erradicando la Deuda (Romanos 13:8)

-Educación (Deuteronomio 4:9; 6:6-8; 2 Timoteo 4:13; Proverbios 3:1-12)

Las congregaciones y los cristianos deben practicar estas cosas y enseñarlas a los demás, para que puedan ser de testimonio, en especial a los que están con problemas económicos. La gente debe estar lista para desarrollar carreras alternativas o futuras, a través del negocio familiar, de los proyectos empresariales, y aprendiendo otros negocios.

Ahorrando e Invirtiendo

En Deuteronomio 14:28 Dios mandó a Israel a tomar una porción de sus ganancias y que la guardarán en sus ciudades. En el Nuevo Testamento el ahorrar es afirmado en 2 Corintios 12:14, dónde las escrituras mandan a los padres a guardar recursos para sus hijos.

En la historia de las naciones prósperas, tanto judíos como cristianos han modelado éste patrón de ahorrar e invertir. Cuándo es practicado multi-generacionalmente, el pueblo de Dios es empoderado y se convierten en gente de mucha influencia en la nación, convirtiéndose en los prestamistas y no en los deudores. El ahorrar es un mandato en muchos pasajes cómo aparece en Proverbios 6:29:18; Lucas 12:48; 16:11; y Génesis 41.

Jesús lo afirma en la parábola de los talentos: "Por tanto, debías haber dado mi dinero a los banqueros, y al venir yo, hubiera recibido lo que es mío con los intereses." (Mateo 25:27) En los versículos anteriores (Mateo 25: 21, 23) Jesús ya había aprobado la legitimidad de las ganancias a través de una tasa por el préstamo del dinero. Ambas formas de ganar dinero no son iguales pero son legítimas. Si prestar dinero es una forma legítima de ganar dinero, entonces los cristianos deben aprender cómo liderar los bancos de acuerdo a los estándares bíblicos.

La Banca y los Servicios Financieros

Es perfectamente moral prestar dinero con intereses. No hay ningún pasaje que hable que el estado debe controlar los préstamos. La palabra de Dios dice que es Dios el que castiga a alguien que quiere aprovecharse del pobre con préstamos de intereses altos. La biblia no menciona un castigo civil o estatal a éste acto porque esto es un tema espiritual. Por lo tanto, es la iglesia la que debe disciplinar ésta conducta pero no el gobierno.

La mayoría de los préstamos no son dados a los pobres, sino a gente que tenga respaldo financiero. Son préstamos de negocios, no préstamos de caridad. El préstamo a los pobres debe ser libre de intereses; cobrarles intereses a ellos es lo que la biblia llama "usura". En general los préstamos por motivos de negocios son permitidos y recomendados.

Sin importar los abusos de hoy y la corrupción que hay en los bancos, el banco por ser banco no es una institución maligna. Es una institución maravillosa por principio, de hecho, el desarrollo del mundo moderno se debe hoy gracias a la banca. Los bancos dan oportunidades para el éxito con un futuro riesgoso e incierto.

Para que una nación tenga un sistema bancario honesto, tres componentes claves son necesarios:

- Un Prestamista: Esto es posible cuando la gente hace depósitos de su dinero. Ellos renuncian al uso de su dinero por un periodo de tiempo. A cambio hay una tasa de interés específica que le es dada además de la devolución del dinero depositado originalmente cuando se cumple el plazo.

- Un Prestador: Éste es alguien que cree que su oportunidad de invertir un capital es más ventajosa que el pago del capital prestado con sus intereses. El prestador trae su proyecto a la mesa (sus experiencias pasadas, sus proyectos e ideas) y promete reponer el dinero.

- Un Evaluador: Ésta persona o institución es el banco. Él evalúa los riesgos de no ser reembolsado el préstamo y de tener que reembolsar al prestamista en caso que el prestador no lo devuelva. Por eso debe evaluar muy bien y sí vale la pena prestar. El evaluador es pagado por tomar la diferencia entre el interés que paga al prestamista y el interés que recibe del prestador.

Los participantes no entrarían a tales transacciones si no esperan que todos sean beneficiados. El prestamista rescinde al uso de su dinero por un tiempo, pero gana un interés; deposita y deja ir el dinero y el uso del mismo en intercambio por dinero en el futuro.

Los fundamentos bancarios son bien simples y claros. Son el método de intercambiar dinero y los futuros riesgos, bienes presentes y futuros, con un intermediario quién hace los tratos. Y todo se gobierna bajo los principios "No obtienes algo por nada."

Los cristianos lideraron el camino en la banca en la historia del mundo. La banca estaba altamente organizada por las comunidades monásticas en el siglo XIX. Los bancos "modernos" fueron inventados en Florencia alrededor de fines del siglo XV cuando una solución centralizada para el riesgo ocurrió. La gente ya no tenía que estar preocupada en confiar a los extraños nunca más; ellos podían confiar en sus bancos para absorber el riesgo crediticio. Usando una buena administración para conocer los balances de todos, los bancos se convirtieron en el intermediario por el cual los intercambios podían ocurrir. Los bancos desataron el Renacimiento, la Revolución Industrial y la edad moderna. Pero un nuevo problema surgió; cómo los intermediaros de la economía mundial, los bancos se hicieron poderosos - quizás demasiado poderosos- como almacenes de información e influencia. Los cristianos se han alejado demasiado de éstas organizaciones y han permitido que los líderes seculares llenen ése vacío.

Para poder obtener un buen sistema bancario y un buen sistema financiero, la gente encargada de los procesos y de las evaluaciones debe tener integridad y buen carácter. Los

Cristianos deben volver a agarrar la visión por la banca e involucrarse en los sistemas financieros actuales y a través de la excelencia laboral, subir a los lugares prominentes, las gerencias, y hasta ser los dueños de los mejores bancos. Esto toma tiempo, pero hay buenas noticias.

Hasta tiempos recientes parecía muy difícil comenzar un banco, las expectativas eran ésa piedra angular de inversiones grandes y estables, para que los clientes depositen su dinero. Pero el mundo moderno del internet y de la tecnología ha hecho posible a los creyentes tomar iniciativas una vez más. No es necesario ya tener inversiones físicas, el dinero puede ser manejado e intercambiado todo en línea y por ende un proceso descentralizador está llegando.

El dinero digital (bitcoin) es radicalmente nuevo, sistemas descentralizados para administrar la manera en que las sociedades intercambian valores. Es muy simple, es una de las innovaciones más poderosas en 500 años y crearán oportunidades para miles de millones de personas que actualmente no tienen cuentas bancarias. Los cristianos pueden tomar ésta oportunidad para volverse líderes de la banca y de los sistemas financieros que empoderan a los pequeños grupos de personas con una visión de dar un salto.

Grupos de Ahorro y Asociaciones de Crédito

Los cristianos deben levantarse para ser líderes de los bancos y comenzar nuevos bancos, existen otros pasos para solucionar la pobreza. Una de las formas de ayudar a los pobres es a través del servicio del ahorro y los préstamos que restauren la dignidad y rompan con el ciclo de pobreza. A través de los servicios cristianos, los hombres y mujeres están equipados para usar su don, dado por Dios, para proveer para sus familias, suplir sus necesidades en las iglesias y comunidades, y comenzar a construir un mercado próspero. Hay un par de modelos para hacer esto:

El primer modelo se llama Asociaciones de Ahorro y Crédito. Éstas son formadas por un grupo entre 10 a 50 individuos quiénes se ponen de acuerdo para reunirse regularmente para orar, adorar, compartir, animar, hacer depósitos, y ahorrar, en un fondo común. Los clientes por lo general ahorran dinero para estabilizar sus ingresos, tener un ahorro para en caso de emergencias, comenzar o expandir un negocio, o pagar sus cuentas personales. Los ahorradores son dueños de los fondos que han depositado, incluso ellos pueden también acceder a créditos y pagar un interés que beneficié a todo el grupo de personas que han unido sus fondos.

Una forma alternativa de aliviar la pobreza es conocida como la línea de micro financiamientos. Éste modelo involucra a un grupo de entre 15 a 30 empresarios quiénes reciben dinero de HOPE International o sus asociados. Cada cliente, garantiza el préstamo de otra persona de sus miembros, ya que no hay otra forma de garantizar la deuda.

Mientras ellos tienen acceso a un capital, los clientes pueden comenzar o expandir sus negocios comprando artefactos, comprando productos, mejorando su inventario, o invirtiendo en mejoras. El rendir cuentas a todo el grupo es un poderoso incentivo para poder reponer el préstamo y contribuir también con ahorros adicionales al grupo. En algunos casos, los clientes se gradúan del banco comunitario y se mudan a un grupo solidario, dónde se accede a préstamos mucho mayores.

Los compromisos para formar éstos grupos son:

Iglesias Locales: Entrenar a las congregaciones locales para promover y apoyar grupos de ahorro. Por ende, el cuerpo de Cristo y no una organización secular o extranjera, se convierte en un canal de reconciliación y de ayuda en la comunidad. Además de ahorrar sus recursos financieros, los participantes también estudian las escrituras, oran, y comparten juntas la restauración espiritual y social.

Recursos Locales: Los grupos de ahorros no son impulsados por dinero fuera de la comunidad. Son los participantes que aprenden principios de mayordomía y conocimiento empresarial juntos, ahorrando de sus salarios. En el proceso los miembros del grupo son empoderados para usar sus propios recursos para levantarse ellos mismos y/o a sus familias.

Cambios Trascendentes: Ya que los grupos de ahorros son enraizados en iglesias locales y recursos locales, éstos son sostenibles. Y mientras que los grupos de ahorros estén constantemente alimentándose espiritualmente, socialmente y afrontando los problemas financieros juntos, los individuos y comunidades experimentarán una transformación trascendente en sus vidas. Los miembros del grupo conocen a Dios y saben que fueron creados a su imagen, saliendo del aislamiento y de la dependencia a la dignidad.

The Chalmers Institute es una gran organización que ayuda a entrenar personas para ayudar a los pobres con financiamiento, otra es Hope International; también existen otras organizaciones que pueden ayudar a los grupos de ahorro dentro de las iglesias y de las comunidades locales.

Préstamos de Caridad

Otra oportunidad de ayudar al pobre es a través de préstamos sin intereses (Éxodo 22:25-27, Levítico 25:35-55). Una vez que los individuos y las familias pueden unir sus recursos y crear bancos privados, ellos ya tienen la habilidad de empezar a ayudar a los pobres. Tanto los bancos cómo los negocios, deben considerar apoyar al sistema crediticio, a través de la cancelación de las deudas (Deuteronomio 15:1-11).

El Antiguo Testamento prohibía a los prestamistas dar préstamos con intereses a hermanos que estaban en seria pobreza. "Si prestas dinero a cualquiera de mi pueblo que es pobre entre ustedes, no deben ser como los prestamistas usureros, no les cobrarás interés." (Éxodo 22:25).

"Y si uno de tus hermanos se hace pobre, y cae en la pobreza entre ustedes; entonces tú le ayudarás. . . No tomes intereses de él; teme a tu Dios; que tu hermano viva contigo. No le prestarás dinero para usura, ni le des comida recibiendo una ganancia." (Levítico 25:35a, 36–37). Si, el prestamista le da dinero a un pobre puede legítimamente pedir de vuelta el monto que le prestó. No puede pedir nada extra. Él debe renunciar al interés que podría haber recibido si hubiera dado un préstamo empresarial. El prestamista sufre una perdida, porque él renuncia al uso de su capital por un periodo de tiempo y se arriesga a que no le devuelvan el dinero. Pero Dios recompensa al prestador generoso, proverbios dice que Dios devolverá el interés de lo prestado a un pobre. Dios se convierte en un garante del pobre. El préstamo sin intereses usaba la libertad del individuo como garantía. Si el no pagaba o devolvía, él podría ser un siervo o esclavo hasta el séptimo año.

Darles a los Pobres no es el Rol del Gobierno

Otra práctica esencial que debería resultar cómo una operación exitosa entre las primeras dos prácticas de trabajar y ahorrar es prestar al pobre. Nosotros estamos ordenados de diezmar en soporte para la iglesia, pero también para dar ofrenda adicional para los pobres. Dar para las necesidades especiales de los pobres y a aquellos que están en situaciones desesperadas por situaciones de emergencia; siempre han sido una característica sobresaliente de los cristianos en la historia de las naciones.

Cuando los cristianos actúan individualmente y se organizan para ayudar a los pobres y a otros con necesidades sociales, el impacto de transformación sobre la cultura es impresionante. En Deuteronomio 15:11 Dios mandó a su pueblo a "abrir su mano a los necesitados y los pobres." Desde el principio Dios esperaba que el hombre dé ofrendas como vemos en Génesis 4 con el hijo de Adán, y un diez por ciento (diezmo) del salario debería ser traído al sacerdote o ministro para propósitos religiosos. En el Nuevo Testamento, Jesús y los discípulos fuertemente enfatizaron el diezmo y la ofrenda. En Mateo 19:21, Jesús dijo "dar a los pobres." En 1 Timoteo 5:4, Pablo enseñó a "devolver a los padres" cuando fueran viejos con el cuidado práctico necesario.

También vale la pena notar que cada vez que Dios encomienda dar algo directamente a los pobres, nunca se lo dijo a los gobiernos, sino a los individuos. Es un mandato para todos los seres humanos el de amar a su prójimo. A continuación mencionamos varios versículos de los muchos que hay:

- Isaías 1:10-17 "aprende a hacer el bien; busca la justicia, corrijan la opresión; hagan justicia al huérfano, aboguen por la causa de la viuda."
- Romanos 15:25-26 "…Estoy yendo a Jerusalén a llevar ayuda a los santos. Porque Macedonia y Acaya han dado alegremente una contribución a los pobres de Jerusalén."
- Gálatas 2:10 "…nos pidieron que recordemos a los pobres, lo que yo estaba ansioso por hacer."
- 1 Juan 3:17 "Pero si alguien tiene y ve a su hermano con necesidad y cierra su corazón a Él, ¿cómo puede estar el amor de Dios en él?"
- Santiago 1:27 "La religión pura y sin mácula delante de Dios, el Padre, es ésta: visitar a los huérfanos y a las viudas en sus aflicción…"
- Hebreos 13:2a "No le niegues la hospitalidad a los extraños..."

Debe ser notado que aunque la escritura manda a los que están en el poder, no abusar del pobre ni del necesitado, no tomar ventaja de ellos o negarles justicia, simplemente porque no tienen poder o dinero; jamás la Biblia le dice al gobierno que debe usar el dinero del estado para darle dinero a los pobres. No hay ni siquiera una cita o referencia, ni circunstancia.

El esfuerzo por hacer que los presupuestos del gobierno y de la policía para incluir ayuda financiera a los pobres pueden venir de buenas intenciones, pero no es la forma de Dios. El rol del estado es ayudar a encontrar mecanismos para empoderar a las familias, personas, negocios, e iglesias, para que ellos puedan hacer ése trabajo. Cristo y los apóstoles nunca dijeron que deben pedirle al gobierno que exija impuestos para cuidar de los pobres de ésta manera. Ésta medida coercitiva de tomar el dinero a través de impuestos es algo que fundamentalmente les quita el derecho y los recursos a las personas de poder ayudar a los pobres. El que paga impuestos no tiene otra opción sino pagarle al estado y por ende no tiene recompensas en el cielo por ayudar a los pobres.

Cuando los apóstoles le pidieron a todos que vendan sus posesiones para traer una ofrenda a los pobres, era de manera voluntaria (Hechos 2). El comunismo, marxismo, y socialismo, fundamentalmente viola el patrón bíblico, los modelos estatistas no son bíblicos y no funcionan. Cuando el gobierno trata de ayudar a los pobres, la naturaleza pecaminosa del hombre se inclina a la corrupción.

En la biblia, Dios no instituyó en el gobierno una recolecta de impuestos para los pobres. El encomendó a los ciudadanos de Israel, proveer para ellos, a través de su diezmo (Deuteronomio 14:27-29). Éste era un 10% adicional que ellos debían dar cada 3 años. (Lo más probable es que a una tercera parte de la población le tocaba dar cada año para poder tener ingresos en forma continua; es comparable a que todos dieron un 3% adicional cada año). Para distinguirlo del diezmo tradicional que iba para el templo y los sacerdotes, lo llamaremos el "diezmo de transformación." Llamarle el diezmo para los pobres no es preciso ya que ese dinero también era usado para sostener necesidades sociales, que no siempre eran necesariamente para los pobres.

El diezmo tradicional (Malaquías 3:8-12) para los sacerdotes y el templo eran traídos a los sacerdotes, pero el diezmo de transformación era traído al almacén comunitario y de ahí se distribuía a los pobres y necesitados. De éste fondo común los sacerdotes identificaban las necesidades y la distribuían, no era el gobierno. Era una iniciativa privada. Esto era muy diferente a los bancos privados que dan préstamos, aunque sean sin intereses.

Deuteronomio 14 habla que estos fondos deberían ser traídos al almacén comunitario y distribuido a los pobres y a los necesitados. Estos fondos podrían ser usados también para capital de inversión en buenos negocios, colegios, artes y medios etc. Para que sean de bendición para la sociedad. En otro libro denominado "Sanando las Enfermedades de las Naciones" tocamos en mayor detalle cómo cuidar de las víctimas de desastres naturales o emergencias y socorros.

La Responsabilidad de los Empresarios Hacia los Pobres

Otro ejemplo de las escrituras referente a la provisión para los pobres habla del granjero, en Levítico 32:22, Dios encomiendo a los granjeros de Israel a "cuando levanten sus cosechas dejen a los pobres." Los pobres podían ir a las esquinas de los campos y con su propio esfuerzo colectar algo de la cosecha para sus necesidades. Se debe recordar que esta acción de los granjeros no era coactivamente regida por el gobierno.

Los principios de espigueos eran descritos en Levítico 19:9-10 y Deuteronomio 24:17-22, Dios destinó que ésa protección y oportunidad sea dado a los extranjeros y a los viajeros (Éxodo 23:9), a los residentes temporales (Deuteronomio 23:24-25), huérfanos y viudas (Deuteronomio 24:19), y a los necesitados y oprimidos (Levítico 19:9-10). El modelo de espigueo no es una ayuda que promueve la flojera. La escritura dice y da mucha instrucción acerca del problema de la gente floja, y la solución bíblica a la pobreza siempre ha sido hacer una distinción entre los pobres merecedores y los pobres inmerecidos. Aquellos que merecen, son los que quieren trabajar pero se les niega la misma y son oprimidos; pero aquellos que rehúsan la oportunidad de trabajar son diferentes.

La persona necesitada que merece ayuda estará dispuesta a trabajar, a espigar, para poder obtener la ayuda necesaria.

Éste es un patrón bíblico para ayudar a los pobres, el hecho de exigirlos espigar su propia comida los equipaba con la disciplina mental y la habilidad para que ellos puedan salir de la pobreza y convertirse en personas productivos.

Proverbios habla acerca de que la compasión de los malvados es "cruel". Esto es verdad porque hasta los creyentes bien intencionados que quieren ayudar al pobre, por falta de un entendimiento bíblico, puedan conocer cómo correctamente solucionar el problema. Simplemente el darles dinero, en especial si es plata del gobierno, en realidad crea una desmotivación para ser productivos y no mejorará su condición. Los atrapa en su vida de pobreza y dependencia que no sólo es limitada sino también miserable, y le roba a la persona la dignidad y la confianza.

Éste principio del trabajo ayuda a las personas en necesidad a ser individuos productivos, está también escrito en el Nuevo Testamento por el apóstol Pablo cuando escribe y dice que sí una persona no trabaja, no debe comer (1 Tesalonicenses 3:10). No es una actitud de desinterés sino una forma bíblica para cuidar y transformar la raíz del problema. Hay circunstancias que causan pobreza y necesidades que van más allá del carácter de una persona que no pueden ser ignorados. La ayuda de emergencia y socorro, son ministerios esenciales para las víctimas de desastres naturales, guerras, y otras causas humanas, fuera de las personas en necesidad.

El principio de espigueo puede ser aplicado en los negocios. El dueño es responsable de no sólo maximizar sus ganancias, sino también de incorporar una forma para que los pobres puedan beneficiarse de los ingresos de la compañía. Simplemente darle dinero a los pobres, daña a las personas, para convertirse en productivos a largo plazo.

Familias Peores que Incrédulos

Dios mandó que los ancianos deban ser cuidados por sus familiares y no por el gobierno -ni la iglesia en primera instancia-.

Dios mandó a Israel que el primogénito debía ser responsable de cuidar a los padres en la vejez y por ende los padres le daban una "doble porción" que ellos habían guardado para su vejez. De igual forma, en la iglesia primitiva había un fuerte énfasis en el rol de la familia para cuidar de sus ancianos. El asunto surgió en una carta de Pablo a Timoteo, cuando le hacen la pregunta si la iglesia debía cuidar a los ancianos de la congregación: en 1 Timoteo 5:4, "Pero si una viuda tiene nietos o hijos, que primero aprendan a tener piedad en casa y les devuelvan a sus padres, porque esto es bueno y aceptable delante de Dios." En otras palabras, la familia es la responsable principal y primordial de los ancianos, y la iglesia debe pronunciarse únicamente cuando no hay otra opción.

Pero el Apóstol Pablo va más allá y dice en el vs. 8 "Pero si alguno no provee para los suyos, ni para los de su casa, ha negado la fe y es peor que un incrédulo." Palabras fuertes porque el rol de la familia es cuidar a sus ancianos, no tienen otra opción -es una responsabilidad no negociable-.

Hoy muchas personas vuelcan la mirada al estado para cuidar a sus ancianos, pero los cristianos deberían ser diferentes, frente al lugar donde se preserva el rol de la familia. Las familias Cristianas y la iglesia deben dar un paso al frente para ayudar a los ancianos que no tienen familias. La iglesia puede ayudar dónde ha habido una tragedia y no hay parientes vivos para ayudar al anciano.

Es importante notar que si los padres no tienen más que un sólo hijo y se "multiplicaron" como Dios mandó, los hijos estarían presentes cuando los padres estén en necesidad o cuando necesiten asistencia. La obediencia a la multiplicación puede traer bendición en la etapa de jubilación. Pero cuando los padres no lo hacen ellos limitan la posibilidad de que los cuiden cuando sean viejos. Tener más hijos crea una especie de colchón o seguridad para la vejez. Éste era el modelo de "seguridad social" de Dios.

La familia es el ladrillo más básico para construir una sociedad. Dios le dio a la familia el privilegio único de criar y educar a los niños de la nación y de cuidar a los ancianos. La familia estaba escogida por Dios para desarrollar la educación, así como el plan de seguridad social de una nación. El gobierno jamás fue creado para dar éstas cosas.

El Rol de la Iglesia

Cómo se menciona en el prefacio, la misión de los pastores en la iglesia es equipar a los miembros para sus responsabilidades en la sociedad; enseñarles no sólo cosas religiosas, sino todas las cosas como Jesús ordenó en la gran comisión para discipular las naciones. Es por eso que el pastor debe saber: de gobierno, de negocios, de salud, de comunicaciones, etc. no porque estudió todas estas profesiones, sino porque ha estudiado lo que la biblia dice acerca de éstos temas.

Por ende, cuando se trata de pobreza, la iglesia debe liderar el camino y enseñar (2 Tesalonicenses 3:6-15; 1 Timoteo 5:3-16) hablar bíblicamente de cómo cuidar de los pobres, y asignar ministros, o diáconos, para que sistemáticamente visiten las casas de los hermanos para asegurarse que están entendiendo éstos principios y las mejores prácticas, teniendo un plan económico para implementarlo. En vez que la iglesia tome la responsabilidad de los pobres, ellos deberían enseñar y empoderar a las familias y empresas, de su rol en éste sentido.

Una de las cosas más importantes que los líderes eclesiales deben hacer es enseñar a sus miembros que la biblia nunca le da éstas responsabilidades al estado. Sí los individuos y las familias están confiando en la asistencia del gobierno para sobrevivencia no hay un requisito de terminarlo inmediatamente. La iglesia debe enseñar a todos que el objetivo es ser auto-suficientes lo más antes posible.

Más allá del discipulado, la iglesia debe también estar estructurada para ayudar a sus miembros, movilizarlos y coordinar ministerios de caridad y de misericordia, de la mejor forma posible para maximizar sus recursos. Es claro en la escritura que la iglesia unía sus recursos para poder hacer proyectos de caridad a gran escala (Hechos 4:32-35; 2 Corintios 8:1-5). Este era el rol de los diáconos en la biblia como coordinadores y supervisores de la iglesia en éste sentido (Hechos 6:1-6).

Resumen

La biblia dice que el ahorro, el banco, y la donación a los necesitados, son las mejores prácticas esenciales, no sólo para bendecirse uno mismo sino al mundo. Los empresarios tienen un rol en ayudar a los pobres. Pero todas las donaciones y el manejo de los fondos, deben ser hechos por individuos trabajando en asociaciones junto con las agencias privadas en las que ellos creen.

Más acerca de la ayuda a los pobres y del socorro, está en el otro libro de ésta serie: "Imponiendo Manos sobre las Enfermedades de las Naciones."

Capítulo 5

Resumen:
Planes de Acción Estratégico

Enseñar Todo lo que yo les he Mandado

En la gran comisión Jesús les dio a los pastores el método principal de su trabajo: la educación. Ellos mismos no son los que deben personalmente quizás involucrarse en política, periodismo, colegios, psicología y medicina, aunque muchas veces en la historia Dios ha llamado pastores a estas áreas de influencia. No hay nada malo si lo hacen, sin embargo su rol principal de acuerdo a Efesios 4:12 es equipar a los santos para el trabajo del ministerio. En otras palabras, cuando el liderazgo de una iglesia fielmente esta "enseñándoles todo lo que yo les he mandado" entonces la transformación de un país es posible. ¿Qué significa esto en forma práctica? Una iglesia debe expandir sus sermones dominicales y programas de discipulado más allá del enfoque individual de salvación, santidad y victoria personal. Muchas iglesias incluyen en sus clases bíblicas y currículos pequeños un enfoque en la familia el cual es bueno. Algunas iglesias también enseñan acerca del trabajo y los negocios. Pero el currículo debe eventualmente incluir las seis áreas claves de influencia cultural: familia, negocios, educación, prensa, medicina y gobierno. Esto puede ser realizado de forma gradual por supuesto. Un modelo de discipulado está ilustrado en la parte inferior.

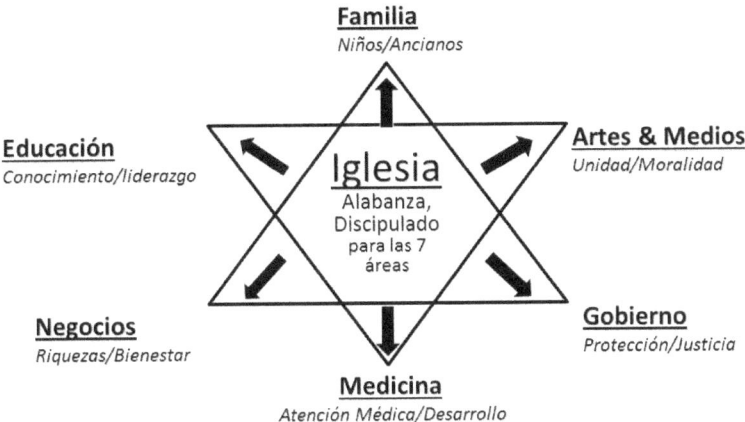

Familia
Niños/Ancianos

Artes & Medios
Unidad/Moralidad

Educación
Conocimiento/liderazgo

Iglesia
Alabanza,
Discipulado
para las 7
áreas

Gobierno
Protección/Justicia

Negocios
Riquezas/Bienestar

Medicina
Atención Médica/Desarrollo

La iglesia debe recuperar su papel para equipar y movilizar a la iglesia en las 7 áreas.

La ilustración muestra a la iglesia en el centro, como el lugar donde la gente es entrenada en cosmovisión bíblica para las otras áreas. El diagrama puede hacer pensar al lector ver la estrella de David y la nación de Israel. Israel por supuesto era la nación escogida por Dios. Pero si una nación actual tiene al pueblo de Dios aprendiendo y liderizando todas estas áreas entonces su nación también será bendecida por Dios. Esa es la visión de la gran comisión. — ¡Ir y discipular todas las naciones! Los cristianos en la historia solían hacer esto y tuvieron gran impacto en distintas naciones en los últimos 2000 años y ciertamente puede volver a suceder.

Pero las iglesias deben medirse así mismas diferentemente. La cantidad de personas y de edificios es en verdad irrelevante. Para Jesús y en las escrituras del Nuevo Testamento eso no tiene gran relevancia. La pregunta relevante es si una iglesia está manifestando las señales que Jesús menciona en marcos cuando hace referencia a la gran comisión: Produciendo gente que está lidiando con los poderes demoniacos en su cultura, sanando la cultura, comunicándose a la cultura y confrontando a los líderes corruptos de la cultura, estas son las señales que Jesús dijo que seguirían a nuestro trabajo cuando cumplimos la gran comisión.

Plan Estratégico para "Bebiendo el Veneno de las Naciones"

En conclusión, existen tres acciones estratégicas fundamentales para ayudar a los cristianos a lidiar con la corrupción, la pobreza, y la opresión:

- Trabajando y haciendo negocios
- La banca
- Las donaciones

Dios liberó las naciones en el pasado por el esfuerzo de su pueblo para empezar e involucrarse en los negocios. Jesús les dijo a sus discípulos que "beberían del veneno de las naciones". Su misión era convertirse en agentes exitosos para combatir la corrupción y la pobreza en su nación.

Los cristianos deben superar la maldad en los negocios modelando un patrón bíblico en su trabajo, comercio, administración financiera, y en el liderazgo de una empresa. También deben ser de testimonio cuando se trata de ayudar y dar. Sus prácticas en los negocios deben estar al nivel más alto con excelencia profesional. Cuando los Cristianos están en lugares de poder en las corporaciones, pueden empezar a reemplazar los modelos paganos que busca al estado por ayuda para resolver todo; quitándole la libertad a los individuos como también sus propiedades.

Explicaremos como los cristianos respondieron en el pasado cuando sus naciones fueron transformadas. Por lo general nunca fue un grupo grande, al contrario era un grupo pequeño de personas; pero cuando hicieron éste plan estratégico que mencionaremos a continuación, transformaron sus naciones. Ésta misma estrategia la han usado los paganos y han tenido éxito. La iglesia hoy en día puede estar creciendo en número y puede haber mega-iglesias pero están perdiendo su batalla por su nación. Esto es cierto a pesar que los Cristianos puedan ser el grupo más grande en una región. La iglesia debe reconocer su fracaso y dejar "sus actividades" y volver al patrón bíblico que la iglesia histórica aplicó para discipular naciones en las siete (7) áreas: política, negocios, salud, educación, comunicación, familia, e iglesia.

Planes a Largo (7) Pasos:

1. Comiencen un grupo pequeño en su área de trabajo

2. Tener intercesores que oren por ése negocio; y de ser posible abrir un cuarto de oración.

3. "Network" (conectarse) con otras personas en su misma profesión, en su ciudad y nación.

4. Hacer planes a largo plazo para transformar esa área de la sociedad

5. Juntos involucrarse en organizaciones y eventos que están liderando e influenciando ésa esfera en su ciudad

6. Crear una red de mentores con otros cristianos que están en la misma área, y en toda la nación, para trabajar juntos

7. Desarrollar recursos para miembros de las Iglesias en ésta área y crear material físico y virtual mediante la web para entrenar más personas en los modelos bíblicos.

Cinco (5) pasos que transformarán a la nación de la corrupción y la pobreza, cuando son aplicadas correctamente en la comunidad:

1. Proveer un entendimiento general educando al pueblo cristiano en cosmovisión Bíblica para "Beber el Veneno de las Naciones" con una visión de transformación.

2. Identificar y proveer entrenamiento profundo para líderes en los negocios, empresas, bancos, e instituciones financieras.

3. Conectar a los líderes que han sido entrenados en estas áreas profesionales en equipos inter-conectados entre sí.

4. Ejecutar planes de acción estratégicos en cada uno de éstos campos profesionales.

(Esto incluye un plan para ayudar a los líderes emergentes a obtener credenciales que le otorgue respeto en sus profesiones que abrirán nuevas puertas de influencia importante. Es necesario también que ellos estén sujetos para rendir cuentas, así podemos ayudarles a mantenerse fieles y a no comprometer sus valores, ni principios, con el mundo. Éstos una vez posicionados deben empezar a trabajar con otros equipos que para ir levantando más personas en éste campo.)

5. Desarrollar planes de recaudación de fondos permanentes para las instituciones en estas áreas profesionales.

Los líderes deben articular ésta visión y formar grupos estratégicos de planificación local con objetivos a largo plazo, Preguntándose: ¿Cuál es el ideal que buscamos alcanzar en cincuenta (50) años? Entonces deben comenzar a trabajar en incorporar a la próxima generación en los comités para poder continuar la visión.

Aunque vengan pruebas deben perseverar y no dejar de reunirse trabajando en estrategias desde los cincuenta (50) años hacia atrás, en objetivos a largo mediano y corto plazo.

El equipo debe ser multiétnico, multidisciplinario y multi-generacional.

Visionarios en todo el mundo están levantándose en años recientes con este sueño. Muchos aún no son conocidos. Las noticias indican que el mundo está de peor en peor, pero hay una contra-corriente poderosa que está emergiendo. Los frutos de su trabajo seguro se verán en la próxima generación. No sean impacientes y cortos de visión. Y no importa qué escatología tengan. Aún sí pienses que Jesús regresará pronto, Él no ha cambiado su Gran

Comisión. Ocúpate de hacer tú trabajo hasta que Él regrese (Lucas 19:13) ¡ve y discípula las naciones!

La transformación cultural es ineficaz hoy en día porque los cristianos:

1. No tienen una visión de transformar la cultura

2. No han sido entrenados en cómo solucionar los problemas de la sociedad de manera Bíblica

3. Están aislados de otros creyentes y trabajan solos

4. Se enfocan en soluciones a corto plazo

5. No tienen un plan de financiamiento

Lanzamiento de equipos de transformación en las 7 esferas claves de una nación

Las Redes de Transformación Global son integradas por personas que hayan pasado nuestro entrenamiento "Señales de Transformación." (Aprox. 10 horas de entrenamiento en las mejores prácticas históricas y Bíblicas que han producido transformación trascendente en las naciones).

5 Pasos que Transforman Comunidades:

1. **Proveer educación general acerca de la visión de transformación y el discipulado a las naciones**

En cada comunidad, necesitamos que los Cristianos aprendan acerca de la Gran Comisión de Jesús acerca del discipulado a las naciones para más creyentes puedan movilizarse más allá del ganar almas y construir grandes templos. Buenas organizaciones pueden ya existir que puedan proveer esté entrenamiento y los pastores especialmente deben poder enseñar esto.

2. Identificar y proveer entrenamiento profundo para líderes en las 5 señales como también en las 7 esferas de influencia.

En cada comunidad, necesitamos que aquellos que reciben la visión de transformación puedan encontrar donde recibir más entrenamiento específico. No es suficiente simplemente ser motivado pero luego tratar de hacer una diferencia sin una mente renovada. Debemos proveer entrenamiento profunda en cada comunidad (idealmente en cada iglesia local) en las mejores prácticas Bíblicas y principios en cosmovisión bíblica para cada esfera de influencia. Nuevamente, es posible que ya organizaciones existan que están proveyendo este entrenamiento. Muchos pastores puede que no se sientan preparados para hacerlo, pero que pueden emplear en sus congregaciones estas herramientas de otros ministerios para poder complementar el discipulado básico que ofrece la iglesia.

3. Conectar a los líderes entrenados en equipos de trabajo para las 7 áreas claves de una nación.

En los primeros dos pasos, es más fácil encontrar ministerios que están proveyendo esos entrenamientos pero es en este paso en donde estamos más necesitados de trabajar. En cada comunidad local por lo general existen personas entrenadas trabajando en las 7 esferas de influencia, pero su impacto es limitado porque trabajan en forma independiente de otros creyentes. Trabajan solos y en forma aislada, en vez de en equipo. Es por ello que se debe identificar quienes son las personas entrenadas en cada comunidad para conectarlos unos a otros en equipos de trabajo (redes) para que empujen en la misma dirección. La red de transformación global está especialmente dedicada a hacer estos equipos en el área de negocios, salud, educación, etc. Ningún grupo debe someterse a otro, cada uno es importante. Cada grupo debe conocer a las otras redes para que puedan trabajar juntos y tener una visión general de nación. Estas redes están para apoyar y levantar las organizaciones que ya existen para que puedan tener mayor impacto, ya que la red en si busca la unificación y el trabajo en equipo.

4. Ejecutar planes de acción estratégico para cada esfera de influencia o área profesional.

Otro pasó clave pero quizás menos común es la creación de planes de acción estratégicos para cada quipo enfocado en una de las 7 esferas de influencia para luego unirlos y hacer un plan de ciudad integral en todos los aspectos. Hoy día los concilios de iglesias u organizaciones que agrupan cristianos de diferentes iglesias es que solo se ocupan en la oración, la comunión, y eventos que se hace son a corto plazo y de carácter defensivo ante los acontecimientos negativos. La verdadera transformación en una nación por los pasados 2.000 años solamente es posible cuando hay un plan intencional de posicionar líderes en lugar de influencia, Cristianos de un país.

Hoy en la historia, muchas veces Cristianos han sido electos a lugares de autoridad política, médica o comunicacional, pero porque no hay un gran número de Cristianos en las bases de estas mismas, como también Cristianos al mismo nivel importante en otras instituciones o esferas claves el líder poco puede hacer siendo ineficaz por culpa de los lideres paganos empujando hacia atrás y frenando las intenciones buenas que estos quieren hacer. También esto causa que los líderes Cristianos se sientan solo y terminen cediendo ante la presión de la corrupción y la otra gente que está en el poder con ellos. Otro error que cometemos es que queremos convertir a los líderes de las naciones o personas de influencia y cuando lo hacemos creemos que son nuestros aliados, cuando en realidad, muchas veces están usando a la iglesia y no tiene un entendimiento Bíblico de cómo transformar una nación según los lineamientos de Dios y sus principios. Entonces esto causo que la iglesia tenga una mala reputación y muchos no quieran entrar y luchar para ocupar cargos importantes.

El éxito está totalmente basado en una estrategia a largo plazo para levantar un movimiento de líderes entrenados Bíblicamente en las 7 esferas de la cultura que lentamente van escalando en posiciones claves a través de recomendaciones y concejo de otros líderes Cristianos importantes. Al pasar el tiempo, estos ganan experiencia, credibilidad, y currículo de instituciones que el mundo respeta, no solo la iglesia, probando estar capacitados para estar en posiciones importantes. Este proceso puede tomar tiempo pero después de 20 o 30 años un líder joven puede llegar a lugares altos políticos, la banca, productores de Hollywood, administradores de hospitales, presidente de universidades, decanos, dueños de cadenas televisivas, gerentes generales, etc. Esa es la idea. Y es entonces cuando la verdadera transformación puede suceder.

Para que eso sea posible los concilios estratégicos de la ciudad deben desarrollar planes para llegar a los lugares más altos de las instituciones en 50 años, y luego empezar a contar hacia atrás para realizar un plan que tenga objetivos, y planes de acción hasta saber que se debe ejecutar el próximo año. Entonces, podremos reemplazar el activísimo que está reaccionando ante los que los paganos hacen , tenemos nuestro propio plan y acciones para el próximo año, y en 5 años ya empezaremos a ver el significado y el propósito que causa el impacto de nuestro trabajo.

Esto, por supuesto, significa que debemos tener líderes que están dispuestos a trabajando duro aunque no vean gran cambio en la nación en su generación pero con la satisfacción que sus hijos y nietos van a disfrutar de sus frutos. Como los peregrinos dijeron "somos las piedras sobre cual otros pisaran por la visión de un trabajo glorioso." Los líderes de iglesias deben estar dispuestos a dejar que sus mejores hombres y mujeres en la iglesia tengan el tiempo para transformar sus comunidades no demandándoles que den tanto tiempo en las actividades de la iglesia. Ellos deben saber que sus mejores hombres y mujeres cristianos deben ser enviados afuera de la iglesia a lugares como Wall Street, Hollywood, Harvard, o Washington para que tengan la credibilidad y los credenciales que necesitan para cambiar las bases de la cultura. Ellos pueden regresar o vivir en las comunidades locales pero necesitan que los pastores afirmen su trabajo y os envíen a transformar la sociedad.

La Red de Transformación Global está lanzando esta visión y mentoreando equipos y redes de transformación para comenzar a pensar en forma estratégica como esta.

Mientras más y más creyentes atrapen la visión y se integran a los equipos locales de transformación, traerán nuevas perspectivas y talentos como también recursos y visión que hará que el plan inicial sea mejorado y pulido. Estas personas deben ser integradas siempre y cuando tengan la cosmovisión bíblica y conozcan las mejores prácticas.

5. **Desarrollar planes de financiamiento para las instituciones permanentes de cada equipo de transformación.**

El paso final no debe ser desapercibido. Muchas veces los planes mueren cuando el visionario muere o ya no pueden continuar empujando el proyecto por otros motivos. Además, aunque estos se mantengan firme muchas veces los planes no avanzan porque no hay un plan para financiar la visión de transformación. Un buen plan no puede depender de donaciones, sino que le dará un modelo empresarial para que sea auto sostenible. Es por ello que el equipo general, o el directorio de la red debe unir todos los planes de los equipos divididos por esfera para que los líderes de día comunidad puedan verlos y los empresario puedan decidir donde apoyar para crear nuevas empresas o empresas existentes. Nuevos hospitales, estudios de cine, universidades, o partidos políticos van a emerger cualitativamente muy diferente a los del mundo que verdaderamente hará una diferencia. Es sorprendente cuánto dinero es disponible de empresarios que ya no les emociona dar para otro templo de la iglesia que de lunes a viernes esta sin usarse en el día y es irrelevante a las instituciones que realmente cambian el mundo.

Conclusiones

Ciertamente mientras los equipos y los planes se desarrollan, habrá oportunidades para trabajar en coordinación con otras ciudades en su región y estado, incluso en la nación. Esto va a producir un enriquecimiento y desarrollo de las estrategias locales y nacionales que pueden tener impacto histórico. De hecho, cuando esto se ha hecho en el pasado, SIEMPRE HA PRODUCIDO REFORMA NACIONAL Y TRANSFORMACION.

Los líderes deben articular esta visión y para los grupos de visión y planificación estratégicos n cada comunidad y ejecutar planes a largo plazo. ¿Qué es lo que quieren llegar a cumplir en 50 años? Luego deben trabajar hacia atrás decidiendo que es lo que harán el próximo año para llegar a cumplir la visión a largo plazo y deben ser perseverantes y no rendirse. Deben compartirla con la próxima generación y deben incorporar líderes jóvenes en los comités so directorios de la red par que no muera la visión con los primero visionarios del plan. Debe ser multi-generacional y a largo plazo para que funcione. Los visionarios en todo el mundo están levantando en años recientes con este sueño. Muchos aún no han oído de ellos, porque los noticieros solo pasan las noticias que hacen parecer que el mundo se pone peor. Pero una nueva y poderosa ola de transformación escondida está emergiendo. Los frutos de su trabajo realmente vendrán pero lo veremos en la próxima generación. No sean impacientes y cortos de visión y no importa que escatología tengas, incluso si uno cree que Jesús volverá muy pronto. Jesús nunca ha cambiado su gran comisión porque él dijo ocúpense hasta que yo regrese, Lucas 19:13. ¡Cuando el maestro regrese es mejor que nos encuentre haciendo lo que nos encomendó! ¡Vayan y discipulen las naciones!"

En la próxima década nuestra visión es tener una red de transformación en cada ciudad estratégica de cada nación del mundo

Estas redes tendrán congresos regionales anuales y seminarios de transformación nacional, para juntar líderes de cada red local y compartir experiencias y palabras de afirmación. Un equipo nacional proveerá entrenamiento continuo y asistencia, como mentores para los líderes locales, proveyendo un kit de transformación con libros, dvd´s, podcasts, y cursos en línea.

Estos líderes nacionales también se conectarán con los otros líderes nacionales asignados a otras regiones del mundo, quienes están haciendo trabajos similares y enfrentando los mismos retos.

Apéndice

RED DE TRANSFORMACION GLOBAL

La Red de Transformación Global está entrenando y conectando líderes para transformar sus naciones. Ahora tenemos redes en más de 35 países y con más de 30 años de experiencia, El Dr. Beliles está trabajando para entrenar y unir estratégicamente líderes en cada institución clave de la cultura para traer libertad, prosperidad y justicia a las naciones.

La Red de Transformación Global y su brazo para Estados Unidos "La Compañía de Transformación Americana" están viendo un gran mover del Espíritu Santo despertando a la iglesia para pararse firme una vez más y solucionar los 5 problemas principales que están destruyendo nuestras naciones.

• Pecado y opresión espiritual
• La ignorancia y el error
• Corrupción y pobreza
• Injusticia y tiranía
• Enfermedad y división.

Cuando veamos a estos problemas retroceder, esta es una señal que la iglesia esta exitosamente cumpliendo la gran comisión de discipular las naciones. (Mateo 28; Marcos16)
Los cristianos deben responder efectivamente a estos problemas.

Desde el comienzo del cristianismo, la oración y el avivamiento nunca han completamente transformado una nación. El cambio trascendente ocurre cuando una estrategia deliberada es también implementada para levantar líderes para las instituciones claves o las montañas de la cultura. Para ellos en cada ciudad se están formando redes enfocadas en 7 esferas claves de la nación:

- Artes y medios
- Iglesia
- Medicina
- Educación
- Familia
- Gobierno
- Negocios

En los 2.000 años de historia Cristiana hay muchos ejemplos de cómo los cristianos han tenido un impacto tremendo en las naciones. Desafortunadamente eso se ha detenido por causa de disminuir el mensaje de Dios a sólo temas de salvación y crecimiento de las iglesias. La iglesia moderna está perdiendo su cultura y la cultura esta discipulando a la iglesia y debemos retornar al modelo histórico que la iglesia aplicó en sus inicios para transformar las naciones en 7 áreas o cimientos: política, negocios, educación, medicina, medios, iglesia y familia. Esta visión es a largo plazo, es estratégica y está probado que funciona.

CONTACTANOS

Contáctanos y cuéntanos si tienes interés o experiencia en una de estas áreas de influencia cultural. Si tienes dones de liderazgo, estamos buscando personas que ayuden a crear y facilitar equipos locales de transformación. Visita nuestra página web en www.ReddeTransformacion.org

Recursos Recomendados

Este libro es parte de una serie denominada:

Discipulando Estratégicamente la Cultura:

- Expulsando los Demonios de las Naciones
- Hablando una Nueva Lengua a las Naciones
- Tomando las Serpientes de las Naciones
- Bebiendo el Veneno de las Naciones
- Imponiendo Manos sobre la Enfermedad de las Naciones

Otro libro fundamental es:
- Transformación Cultural: Discipulando la Cultura desde la Iglesia a la Nación (en todos los 7 montes de influencia)

Para pedir estos libros, dvds y recursos
en línea visita nuestra página web

www.ReddeTransformacion.org

Red de Transformación Global
"Global Transformation Network"

Entrenando y Conectando Líderes para
Transformar las Naciones

Presidente: Mark Beliles
Facilitadora Global: María Irene Squillaci
Sandoval

Augusto Bernal
Director para Colombia
+ (573) 105797096
Augustobernal13@hotmail.com

María Irene Squillaci Sandoval
Directora para Latinoamérica – Facilitadora Global
+ (591) 71357595
Latinoamerica.gtn@gmail.com

Oficina Internacional:
Calle Cochabamba esq. Manuel Ignacio Salvatierra
"SANCAP"
Santa Cruz de la Sierra, Bolivia

Biografía del Autor

Mark Beliles

El Dr. Mark A. Beliles es presidente de la Red de Transformación Global que sirve a las naciones identificando, entrenando, y conectando líderes en áreas claves de la cultura como el gobierno, negocios, colegios, medicina, medios de comunicación y religión. El Dr. Beliles es un apóstol, pastor, historiador, y orador internacional en más de 40 naciones. Ha equipado a líderes de alto nivel en lugares como Sudáfrica, Indonesia, Corea del Sur, Rusia, Lituania, Egipto, India, el Salvador, y Bolivia. Mark Beliles ha sido uno de los líderes del movimiento Transforma, en modelos importantes de reconciliación como la Ventana 4-14 equipando y protegiendo a los niños.

Es autor de muchos libros, su best seller: Liberando a las naciones y Transformación Cultural: Estrategia de Discipulado desde la Iglesia a la Nación; como también la serie de 4 libros denominado Discipulando Estratégicamente la Cultura. Ha escrito más de 20 libros. Mark Beliles tiene un PhD. de White Field Theological Seminary y es fundador de la Fundación Providencia y la Universidad de Cosmovisión. Es un ministro de Dios ungido y sirvió como cabeza pastoral por 35 años. Él y su esposa Nancy educaron a sus tres hijos en casa y ahora son bendecidos con 6 nietos. Ellos viven en Charlottesville, Virginia en los Estados Unidos.

* * *

www.ingramcontent.com/pod-product-compliance
Lightning Source LLC
Chambersburg PA
CBHW070556220526
45467CB00003B/1218